A Collectio[...] English-[...] Crosswords

Croeseiriau mewn dwy iaith. Os yw'r cliw mewn un iaith, mae'r ateb mewn iaith arall. Ar gael mewn amryw o ieithoedd:
e.e., Ffrangeg, Portiwgaleg, Iseldireg, Sbaeneg, a bellach, Cymraeg.

- Dyfeisiwyd gan luniwr croeseiriau proffesiynol a chyfieithwyr medrus.
- Ar gael mewn sawl gradd o anhawster, mewn gwahanol ieithoedd ac mewn sawl diwyg.
- Yn hwyl, ac yn anodd eu rhoi o'r neilltu.
- Wedi'u cynllunio ar gyfer siaradwyr Saesneg sydd hefyd yn siarad iaith arall.
- Yn berffaith ar gyfer croeseirwyr achlysurol a hen lawiau.

Yn berffaith ar gyfer myfyrwyr iaith mewn addysg bellach ac uwch, ac ar gyfer dysgwyr Cymraeg a siaradwyr rhugl fel ei gilydd.

Cynnwys y posau a dyluniad y cynllun gan Scribo Puzzle Publishing Ltd 2024. Cyhoeddwyd y gyfres hon yn 2024

Gwerthir y llyfr hwn yn ddarostyngedig i'r amod na chaiff, drwy fasnach neu fel arall, ei fenthyg, ei ailwerthu, ei logi neu fel arall ei ddosbarthu heb ganiatâd ysgrifenedig y cyhoeddwr ymlaen llaw ar unrhyw ffurf neu mewn unrhyw glawr neu rwymiad ac eithrio'r cyfryw a'i cyhoeddir ynddo a heb osod amod tebyg gan gynnwys yr amod hwn, ar y prynwr dilynol. Cedwir pob hawl.

Argreffir ledled y byd.

Dryswch Yn y Gymraeg a'r Saesneg!

Sylwer

Yn y croeseiriau hyn, dilynir yr egwyddor o un nod i bob blwch. Golyga hyn y bydd pob un o'r llythrennau deuol: *ch, dd, ff, ng, ll, ph, rh* a *th* yn cael dau flwch. Byddai gair fel 'LLADD' er enghraifft, yn llenwi pum blwch.

Please Note

In these crosswords, the principle is followed by using one character per box. This means that each of the Welsh digraphs: *ch, dd, ff, ng, ll, ph, rh and th*, although considered as single letters, would take up two boxes. For example, the Welsh word 'LLADD' (Kill) would fill five boxes.

Copyright: Scribo Puzzles Publishing Ltd 2024

www.crossmots.com

Rhif 1

Ar draws

7 Cipio (6) * **8** Ymrwymo (6) * **9** Gwisgo (4)
* **10** Teyrnasoedd (8) * **11** Adleisio (7) * **13** Wedi (5)
* **15** Battery (5) * **16** Few (7) * **18** Talpiog (8)
* **19** Accent (4) * **21** Logs (6) * **22** Scooter (6).

Down

1 Pen-Glin (4) * **2** Stereograffeg (13) * **3** Yn Tagu (7)
* **4** Percent (1,4) * **5** Defensible (13) * **6** Jumpers (8)
* **12** Classic (8) * **14** Llesmair (7) * **17** Gwener (5)
* **20** Erioed (4).

Rhif 2

Ar draws

7 Injustice (13) * **8** Amcangyfrif (8) * **9** Colour (4) * **10** Adolygiadau (7) * **12** Cyri (5) * **14** Heddwch (5) * **16** Cynddeiriog (7) * **19** Myrrh (4) * **20** Prosiectau (8) * **22** Unochrogrwydd (13).

Down

1 Diwedd (4) * **2** Those (6) * **3** Awful (7) * **4** Ffiolau (5) * **5** Angles (6) * **6** Created (4,4) * **11** Pawb (8) * **13** Tiwmorau (7) * **15** Cylch (6) * **17** Delfrydau (6) * **18** Smotiau (5) * **21** Gorchwyl (4).

Rhif 3

Ar draws
7 Carwriaeth (6) * **8** Edges (6) * **9** Craidd (4)
* **10** Diatoms (8) * **11** Stumog (7) * **13** Avoid (5)
* **15** Clause (5) * **17** Nail (7) * **20** Barbecue (8)
* **21** Mechnïaeth (4) * **22** Improve (6) * **23** Parent (6).

Down
1 Ymdrech (6) * **2** Cyfradd (4) * **3** Rhagfynegi (7)
* **4** Eldest (5) * **5** Pyroxene (8) * **6** Tysen (6)
* **12** Pel Cig (8) * **14** Lletchwith (7) * **16** Potable (6)
* **18** Goodness (6) * **19** Acts (5) * **21** Peak (4).

Rhif 4

Ar draws

7 Seasoning (6) * **8** Rhediad (6) * **9** Bookie (4)
* **10** Iranians (8) * **11** Rhybudd (7) * **13** Llun (5)
* **15** Conversation (5) * **17** Hymian (7) * **20** Mitigate (8)
* **21** Tarten (4) * **23** Tyrrau (6) * **24** Amddifad (6).

Down

1 Birch (4) * **2** Ymrestru (6) * **3** Monthly (2,5)
* **4** Arferol (5) * **5** Speech (6) * **6** Pakistan (8)
* **12** Angels (8) * **14** Maestrefi (7) * **16** Ystodau (6)
* **18** Mesuryddion (6) * **19** Achos (5) * **22** Rafft (4).

Rhif 5

Ar draws

1 Enshroud (4) * **3** Rhaglenni (8) * **9** Pronoun (7) * **10** Asiant (5) * **11** National (12) * **13** Discuss (6) * **15** Hell (6) * **17** Yn Hyfforddwraig (12) * **20** Owns (5) * **21** Fastened (4,3) * **22** Advise (8) * **23** Bang (4).

Down

1 Erchylltra (8) * **2** Draen (5) * **4** Aillapio (6) * **5** Road Works (6,6) * **6** Anhygoel (7) * **7** Safle (4) * **8** Music (12) * **12** Combines (2,6) * **14** Berry (7) * **16** Sailors (6) * **18** Drying (5) * **19** Cork (4).

Rhif 6

Ar draws

1 Samplau (7) * **5** Dyrnu (5) * **8** Llety (13) * **9** Dau (3) * **10** Dirlawn (9) * **12** Deacon (6) * **13** Operas (6) * **15** Ffefrir (9) * **16** Arfer (3) * **18** Is-Gontractwr (13) * **20** Brethyn (5) * **21** Italy (2,5).

Down

1 Siafft (5) * **2** Microdon (13) * **3** Calchfaen (9) * **4** Chwaraeon (6) * **5** While (3) * **6** Didor (13) * **7** Chapters (7) * **11** Diarddel (9) * **12** Blaendal (7) * **14** Del (6) * **17** Ymrestru (5) * **19** Age (3).

Rhif 7

Ar draws

1 Island (4) * **3** Psychosis (8) * **9** Eats (2,5) * **10** Nith (5)
* **11** Precipitation (12) * **14** Hwyl (3) * **16** Iawn (5)
* **17** Lludw (3) * **18** Technolegau (12) * **21** Harp (5)
* **22** Islaw (7) * **23** Yn Penderfynu (8) * **24** Myrrh (4).

Down

1 Lightly (2,6) * **2** Beseeching (5) * **4** Oes (3)
* **5** Pwynt Cyswllt (7,5) * **6** Spectral (7) * **7** Wedi Gweld (4)
* **8** Correlative (12) * **12** Nogging (5) * **13** Ffosffor (8)
* **15** Nodwyddau (7) * **19** Yr Eidal (5) * **20** Seren (4)
* **22** Where (3).

Rhif 8

Ar draws
1 Spot (6) * **4** Accept (6) * **9** Cyffredinol (7)
* **10** Tender (5) * **11** Llwybr (5) * **12** Injuring (2,5)
* **13** Ysbrydoliaeth (11) * **18** Cabins (7) * **20** Arall (5)
* **22** Backwash (5) * **23** Happen (7) * **24** Cyfrwy (6)
* **25** Ethnic (6).

Down
1 Cigars (6) * **2** Fears (5) * **3** Rampantly (2,5)
* **5** Ychwanegol (5) * **6** Bungalow (7) * **7** Nervous (6)
* **8** Meysydd Chwarae (11) * **14** Wedi Cnoi (7)
* **15** Meddwl (7) * **16** Cefnforoedd (6) * **17** Ploughed (6)
* **19** Celestial (5) * **21** Irons (5).

Rhif 9

Ar draws

1 Llawer (4) * **3** Cynhyrfwr (8) * **9** Stage (7) * **10** Ymlaen (5) * **11** Demonstration (12) * **14** None (3) * **16** Delwedd (5) * **17** Ointment (3) * **18** Cronni (12) * **21** Amenable (5) * **22** Churches (7) * **23** Llai (8) * **24** Beit (4).

Down

1 Hwyaid Gwyllt (8) * **2** Shower (5) * **4** Chin (3) * **5** Trosglwyddadwy (12) * **6** Arddegau (7) * **7** Ail-Wneud (4) * **8** Airframes (8,4) * **12** Stab (5) * **13** Cuddio (8) * **15** Sunset (7) * **19** Up (1,4) * **20** Ti (4) * **22** Oes (3).

Rhif 10

Ar draws

1 Nonsense (7) * **5** Income (5) * **8** Marketing (9)
* **9** Van (3) * **10** Staff (5) * **12** Treisgar (7)
* **13** Ffotograffwyr (13) * **15** Gwreichioni (7)
* **17** Terfynu (3,2) * **19** May (3) * **20** Manwerthwyr (9)
* **22** Good Night (3,2) * **23** Milking (2,5).

Down

1 Mygdarth (5) * **2** Rhyfel (3) * **3** Behave (7)
* **4** Yn Anfwriadol (13) * **5** To Hit (1,4)
* **6** Opportunities (9) * **7** Munudau (7)
* **11** Anomaleddau (9) * **13** Postmyn (7)
* **14** Ysglyfaethu (7) * **16** Corea (5) * **18** Pass (5)
* **21** Diwedd (3).

Rhif 11

Ar draws
1 Bodloni (7) * **5** Garden (5) * **8** Parenting (7)
* **9** Odour (5) * **10** Life (5) * **11** Clwyfedig (7)
* **12** Sunroof (2,4) * **14** Aerator (6) * **17** Thousands (7)
* **19** Meaning (5) * **22** Pumed (5) * **23** China (7)
* **24** Harp (5) * **25** Glacial (7).

Down
1 Prysgwydd (5) * **2** Bulls (5) * **3** Sonnets (7)
* **4** Potable (6) * **5** Deny (5) * **6** Donor (7) * **7** Debtor (7)
* **12** Funnel (7) * **13** Cymwynasgar (7) * **15** Neilltu (7)
* **16** Golygydd (6) * **18** Herself (2,3) * **20** Treial (5)
* **21** Rope (5).

Rhif 12

Ar draws
1 Ennill (4) * **3** Shaded (8) * **9** Premium (7)
* **10** Trwchus (5) * **11** Opium (5) * **12** Gwrthod (6)
* **14** Hynaf (6) * **16** Hounds (6) * **19** Exile (6)
* **21** Yn Hoffi (5) * **24** Bonnet (5) * **25** Warring (7)
* **26** Pouring (1,7) * **27** Birds (4).

Down
1 Fforiwr (8) * **2** Rows (5) * **4** Dies (2,4) * **5** Neck (5)
* **6** Civic (7) * **7** Lion (4) * **8** Litmws (6)
* **13** Wordlessly (2,3-3) * **15** Follower (7) * **17** Church (6)
* **18** Aviary (6) * **20** Paternalistic (5) * **22** Tylino (5)
* **23** Ufuddhau (4).

Rhif 13

Ar draws

7 Blodigyn (6) * **8** Theori (6) * **9** Quack (4)
* **10** Subways (8) * **11** Happiest (7) * **13** Ymylon (5)
* **15** Grawn (5) * **16** Scenario (7) * **18** Gwariant (8)
* **19** Lone (4) * **21** Lluosog (6) * **22** Yn Mabwysiadu (6).

Down

1 Chwythu (4) * **2** Rhagofalus (13) * **3** Moesegol (7)
* **4** Stwffio (5) * **5** Journalled (13) * **6** Leases (8)
* **12** Yn Sydyn (8) * **14** Dishes (7) * **17** Yn Lladd (5)
* **20** I Mewn (4).

Rhif 14

Ar draws

7 Masochistic (13) * **8** Busily (2,6) * **9** Burg (4)
* **10** Mynydd Iâ (7) * **12** Christ (5) * **14** Ewythr (5)
* **16** Apostle (7) * **19** Brân (4) * **20** Rhwystr (8)
* **22** Tebygol (13).

Down

1 Ennill (4) * **2** Aunt (6) * **3** Listing (7) * **4** Defnyddwyr (5)
* **5** Hetiwr (6) * **6** Echoing (8) * **11** I'R Gwrthwyneb (8)
* **13** Apostol (7) * **15** Path (6) * **17** Prin (6)
* **18** Amheuaeth (5) * **21** Gosodwyd (4).

Rhif 15

	1	2		3		4		5		6	
7						8					
9				10							
11		12					13				
					14						
15	16				17				18		
				19							
20							21				
22					23						

Ar draws
7 Moroccan (6) * **8** Crwban (6) * **9** Agen (4)
* **10** Ystafelloedd Gwely (8) * **11** Mopio (7) * **13** Tabŵ (5)
* **15** Ysguboriau (5) * **17** Amser Gwely (7)
* **20** Directness (8) * **21** Gyda (4) * **22** Tension (6)
* **23** Penaethiaid (6).

Down
1 Nailing (6) * **2** Sore (4) * **3** Yn Lladrata (7)
* **4** Astudio (5) * **5** Trahaus (8) * **6** Dive (6)
* **12** Pounds (8) * **14** Ataliad (7) * **16** Dear (6)
* **18** Motif (6) * **19** Delfrydol (5) * **21** Mympwy (4).

Rhif 16

Ar draws

7 Daneg (6) * **8** Towers (6) * **9** Peaks (4) * **10** Failure (8) * **11** Technique (7) * **13** Cigoedd (5) * **15** Opiwm (5) * **17** Cyfystyr (7) * **20** Portread (8) * **21** Judgement (4) * **23** Tend (6) * **24** Metrical (6).

Down

1 Hit (4) * **2** Longer (6) * **3** Siambr (7) * **4** Talaith (5) * **5** Clod (6) * **6** Cynheiliad (8) * **12** Cyflogedig (8) * **14** Systemau (7) * **16** Anniben (6) * **18** Orbitau (6) * **19** Midst (5) * **22** Glaw (4).

Rhif 17

Ar draws
1 Brwdfrydedd (4) * **3** Dewisol (8) * **9** Mesur (7)
* **10** Besides (5) * **11** Rhagymadrodd (12) * **13** Neb (6)
* **15** Pinched (6) * **17** Eiconograffeg (12) * **20** Tyn (5)
* **21** Flames (7) * **22** Deinosor (8) * **23** Unit (4).

Down
1 Sambiaid (8) * **2** Addasu (5) * **4** Painful (6)
* **5** Yn Anorfod (12) * **6** Cenhedloedd (7) * **7** Ehedydd (4)
* **8** Is-Gwmnïau (12) * **12** Cover (8) * **14** Boy (7)
* **16** Caves (6) * **18** Dynol (5) * **19** Estate (4).

Rhif 18

Ar draws

1 Prysur (7) * **5** Llymlyd (5) * **8** Geography (13)
* **9** Anifail Anwes (3) * **10** Addysg (9) * **12** Marry (6)
* **13** Those (6) * **15** Likeminded (2,2,5) * **16** Chill (3)
* **18** Gwlybaniaeth (13) * **20** Raffle (5) * **21** Article (7).

Down

1 Terfynu (3,2) * **2** Artworks (9,4) * **3** Obesity (9)
* **4** Godless (2-4) * **5** Sgïo (3) * **6** Anghymhwyster (13)
* **7** Alleging (2,5) * **11** Indecision (9) * **12** Ffynnu (7)
* **14** Rhannu (6) * **17** Single (5) * **19** Sâl (3).

Rhif 19

Ar draws

1 Bywyd (4) * **3** Patterns (8) * **9** Effort (7)
* **10** Trwchus (5) * **11** Slaves (12) * **14** God (3)
* **16** Sychach (5) * **17** Sych (3) * **18** Datgysylltu (12)
* **21** Cyflymder (5) * **22** Manylion (7) * **23** Develop (8)
* **24** Number (4).

Down

1 Swallowed (8) * **2** Cyffug (5) * **4** Lludw (3)
* **5** Ail-Ddosbarthu (12) * **6** Insisted (7) * **7** Defnyddio (4)
* **8** Mental Health (6,6) * **12** Troi Allan (5)
* **13** Warmest (8) * **15** Gwynaf (7) * **19** Language (5)
* **20** Defnyddio (4) * **22** Ten (3).

Rhif 20

Ar draws

1 Column (6) * **4** Poems (6) * **9** Trefnus (7)
* **10** Cyffuriau (5) * **11** Fields (5) * **12** Cewynnau (7)
* **13** Average (11) * **18** Ysgolion (7) * **20** Allanol (5)
* **22** Subsequently (5) * **23** Novels (7) * **24** Costless (2-4)
* **25** Wedi'I Ddileu (6).

Down

1 Dewis (6) * **2** Silff (5) * **3** Fformiwla (7) * **5** Terfynu (3,2)
* **6** Binary (7) * **7** Mynnu (6) * **8** Hypnoteiddio (11)
* **14** Few (7) * **15** Edrych Am (4,3) * **16** Shake (6)
* **17** O Gwmpas (6) * **19** Dreaded (5) * **21** Chwedlau (5).

Rhif 21

Ar draws
1 Drygioni (4) * **3** Rhymes (8) * **9** Sewed (7)
* **10** Encourage (5) * **11** Pydradwy (12) * **14** Unrhyw (3)
* **16** Yswain (5) * **17** Dirt (3) * **18** Precursors (12)
* **21** Czech (5) * **22** Trioleg (7) * **23** Absolutely (2,6)
* **24** Cloch (4).

Down
1 Shoes (8) * **2** Ïonig (5) * **4** Enchanted (3)
* **5** Debarred (12) * **6** Specification (7) * **7** Annog (4)
* **8** Cosmolegol (12) * **12** Gallery (5) * **13** Camp (8)
* **15** Among (7) * **19** Ysgrifennodd (5) * **20** Aros (4)
* **22** Dau (3).

Rhif 22

Ar draws

1 Gollyngwyd (7) * **5** Rhost (5) * **8** Insolvencies (9) * **9** Oath (3) * **10** Hire (5) * **12** Refrigerator (7) * **13** Serves (2,11) * **15** Inhumane (7) * **17** Ifanc (5) * **19** Bass (3) * **20** Spinach (9) * **22** Ungraciously (2-3) * **23** Adhered (7).

Down

1 Understand (5) * **2** Era (3) * **3** Snowball (3,4) * **4** Educationally (2,11) * **5** Marchog (5) * **6** Resell (9) * **7** Darkened (7) * **11** Trefnydd (9) * **13** Saves (2,5) * **14** Unrhyw Un (7) * **16** Trwynau (5) * **18** Affix (5) * **21** Isel (3).

Rhif 23

Ar draws

1 Lofty (7) * **5** Algâu (5) * **8** Cofnodion (7) * **9** Olewydd (5) * **10** Olwyn (5) * **11** Rheolaidd (7) * **12** Mynediad (6) * **14** Eighteen (6) * **17** Converts (2,5) * **19** Armed (5) * **22** To Hit (1,4) * **23** Hinting (7) * **24** Earth (5) * **25** Contemplate (7).

Down

1 Several (5) * **2** Ewythr (5) * **3** Clwydi (7) * **4** Collwyr (6) * **5** Ymhlith (5) * **6** Rod (7) * **7** Ael (7) * **12** Attraction (7) * **13** Bwthyn (7) * **15** Broadest (7) * **16** Diarfogi (6) * **18** Arogl (5) * **20** Cyntedd (5) * **21** Paste (5).

Rhif 24

Ar draws

1 Cuckoo (4) * **3** Synfyfyrio (8) * **9** Degol (7) * **10** Plain (5) * **11** Yfodd (5) * **12** Enquire (6) * **14** Fermenting (6) * **16** Rwsia (6) * **19** Strongest (6) * **21** Lobbing (5) * **24** Income (5) * **25** Mewnfudwr (7) * **26** Clearness (8) * **27** Gair (4).

Down

1 Conniving (8) * **2** Coco (5) * **4** Household (6) * **5** Dyfnder (5) * **6** Galluogi (7) * **7** Bwydlen (4) * **8** Ysmygu (6) * **13** Ffafriedig (8) * **15** Telynegol (7) * **17** Datgloi (6) * **18** Swyddfa (6) * **20** Clun (5) * **22** Bombing (5) * **23** Pentwr (4).

Rhif 25

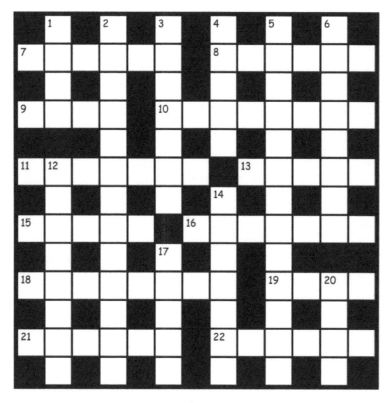

Ar draws

7 Oedolion (6) * **8** Yn Gyfartal (6) * **9** Crush (4)
* **10** Elementary (8) * **11** Pell (7) * **13** Relic (5)
* **15** Narrowest (5) * **16** Sbwriel (7) * **18** Annhebygol (8)
* **19** Ehedydd (4) * **21** Cneuen Ffrengig (6) * **22** Actio (6).

Down

1 Syniad (4) * **2** Darluniau (13) * **3** China (7) * **4** Bit (5)
* **5** Bregusrwydd (13) * **6** Lloriau (8) * **12** Youngest (8)
* **14** Alarms (7) * **17** Yn Curo (5) * **20** Rinc (4).

Rhif 26

Ar draws

7 Tebygol (13) * **8** Refer (8) * **9** Side (4) * **10** Carts (7)
* **12** Dyddiadur (5) * **14** Prif (5) * **16** Modulus (7)
* **19** All (1,3) * **20** Gwlyptiroedd (8) * **22** Resisting (2,11).

Down

1 Llwyd (4) * **2** Gwrthrych (6) * **3** To Continue (1,6)
* **4** Caniatáu (5) * **5** Impel (6) * **6** Ymneilltuo (8)
* **11** Trahaus (8) * **13** Cystadleuaeth (7) * **15** Mind (6)
* **17** Glanfeydd (6) * **18** Switch (5) * **21** Dol (4).

Rhif 27

Ar draws
7 Fund (6) * **8** Pobl (6) * **9** Postural (4)
* **10** Yn Breuddwydio (8) * **11** Gwylio (7)
* **13** Yn Rhyfedd (5) * **15** Challenged (5)
* **17** Hwiangerdd (7) * **20** Awyrennau (8) * **21** Formerly (4)
* **22** Oerach (6) * **23** Cadeiriau (6).

Down
1 Maze (6) * **2** Datod (4) * **3** Canhwyllau (7)
* **4** Cyflymder (5) * **5** Excessive (8) * **6** Linear (6)
* **12** Cyd-Daro (8) * **14** Cyfiawnder (7) * **16** Golygydd (6)
* **18** Deuaidd (6) * **19** Battery (5) * **21** Blue (4).

Rhif 28

Ar draws

7 Branch (6) * **8** Intercede (6) * **9** Formerly (4)
* **10** Neilltuwyd (8) * **11** Gwirodydd (7) * **13** Ymrestru (5)
* **15** Chop (5) * **17** Anlwcus (7) * **20** Class (8)
* **21** Cam (4) * **23** Popty (6) * **24** Cymhelliad (6).

Down

1 Amrywio (4) * **2** Scooter (6) * **3** Addicted (2,5)
* **4** Gwyddau (5) * **5** Tarddiad (6) * **6** Llyfr Nodiadau (8)
* **12** Protons (8) * **14** Rampantly (2,5) * **16** Lleidr (6)
* **18** Cynhyrfu (6) * **19** Nose (5) * **22** Cenfigen (4).

Rhif 29

Ar draws

1 Sky (4) * **3** Trofannol (8) * **9** Southern (7)
* **10** Creigiog (5) * **11** Pwynt Cyswllt (7,5)
* **13** Yn Hawdd (6) * **15** Chimney (6)
* **17** Uchelseinyddion (12) * **20** Chassis (5)
* **21** Churches (7) * **22** Ofnadwy (8)
* **23** Yn Ychwanegu (4).

Down

1 Yn Gaeth (8) * **2** Within (5) * **4** Perthnasu (6)
* **5** O Bryd I'W Gilydd (12) * **6** Wasp (7) * **7** Lake (4)
* **8** Suicide (12) * **12** Carennydd (8) * **14** Storio (7)
* **16** Fermenting (6) * **18** Bronze (5) * **19** Below (4).

Rhif 30

Ar draws

1 Parch (7) * **5** Buy (5) * **8** Anrhagweladwy (13)
* **9** Calf (3) * **10** Prostates (9) * **12** Speak (6)
* **13** Individual (6) * **15** Brwmstan (9) * **16** Wedi Cael (3)
* **18** Disjunctive (13) * **20** Enchant (5) * **21** Endure (7).

Down

1 Fluent (5) * **2** Yn Mygu (13) * **3** Ewropeaid (9)
* **4** Stopio (2,4) * **5** Pei (3) * **6** Pedagogically (2,11)
* **7** Anghyfartal (7) * **11** Undermining (9) * **12** Isffyrdd (7)
* **14** Lanes (6) * **17** Tallest (5) * **19** There (3).

Rhif 31

Ar draws

1 Melodic (4) * **3** Mistress (8) * **9** Tidings (7)
* **10** Dining (5) * **11** Amlygrwydd (12) * **14** Father (3)
* **16** Addurno (5) * **17** Unrhyw (3) * **18** Influxes (12)
* **21** Prysgwydd (5) * **22** Wedi Ymddeol (7)
* **23** Swings (8) * **24** Bwlb (4).

Down

1 Gweithgaredd (8) * **2** Suitable (5) * **4** Since (3)
* **5** Gwironeddu (12) * **6** Warring (7) * **7** Nofiodd (4)
* **8** Yn Anufudd. (12) * **12** Hire (5) * **13** Agreement (8)
* **15** Geology (7) * **19** Punch (5) * **20** Defnyddio (4)
* **22** Rhedeg (3).

Rhif 32

Ar draws

1 Amddifad (6) * **4** Lanes (6) * **9** Dyhuddo (7)
* **10** Delwedd (5) * **11** Disgo (5) * **12** Ideology (7)
* **13** Yn Cweryla (11) * **18** Runt (7) * **20** Both (1,4)
* **22** Family (5) * **23** Induct (7) * **24** Solidau (6)
* **25** Wedi'I Ddileu (6).

Down

1 Byrddau (6) * **2** Rhaffau (5) * **3** Blas (7) * **5** Olewydd (5)
* **6** Foully (2,5) * **7** Skunk (6) * **8** Begun (4,7)
* **14** Anghyfartal (7) * **15** Courtiers (7) * **16** Am Ddim (6)
* **17** Knocked (6) * **19** Anaf (5) * **21** Dyddiadau (5).

Rhif 33

Ar draws

1 Cansen (4) * **3** Lips (8) * **9** Crwydryn (7) * **10** Earl (5) * **11** Mewnoliadau (12) * **14** Iâ (3) * **16** Cyfreithiol (5) * **17** Gweld (3) * **18** Spectrograph (12) * **21** Corea (5) * **22** Pwdin (7) * **23** Mercuric (8) * **24** Wedi Bod (4).

Down

1 Resonates (8) * **2** Narration (5) * **4** Rhyfel (3) * **5** Physiologist (12) * **6** Llinynnau (7) * **7** Hyll (4) * **8** Maintenance (6,1,5) * **12** Dicter (5) * **13** Envy (8) * **15** Ymerawdwr (7) * **19** O'r Neilltu (5) * **20** Sgwennu (4) * **22** Pie (3).

Rhif 34

Ar draws

1 Index (7) * **5** Hud (5) * **8** Carelessly (2,7) * **9** Ymylon (3)
* **10** Bronze (5) * **12** Canlyniadau (7)
* **13** Adventurers (13) * **15** Scooters (7) * **17** Mân (5)
* **19** Wedi Cael (3) * **20** Discourage (9) * **22** Arogl (5)
* **23** Settling (2,5).

Down

1 Efallai (5) * **2** Node (3) * **3** Malwr (7)
* **4** Yn Gynddeiriog (13) * **5** Melinau (5) * **6** West (9)
* **7** Symmetrical (7) * **11** Infusing (2,7) * **13** Adsorb (7)
* **14** Temlau (7) * **16** Blaenor (5) * **18** Numbering (5)
* **21** Rhwyd (3).

Rhif 35

Ar draws
1 Helaeth (7) * **5** Yn Brinnach (5) * **8** Ysgythru (7)
* **9** Datrys (5) * **10** Feathered (5) * **11** Yn Union (7)
* **12** Cosbi (6) * **14** Tended (6) * **17** Everyday (3,4)
* **19** Adenydd (5) * **22** Wedi Rheoli (5) * **23** Offeiriaid (7)
* **24** Unity (5) * **25** Ysgolhaig (7).

Down
1 Rhad (5) * **2** Beaks (5) * **3** Orennau (7) * **4** Sweden (6)
* **5** Russia (5) * **6** Cysylltiedig (7) * **7** Reasoning (7)
* **12** Papers (7) * **13** Wedi Cnoi (7) * **15** Once (7)
* **16** Yn Addasu (6) * **18** Becomes (2,3) * **20** Trwynol (5)
* **21** Saucer (5).

Rhif 36

Ar draws

1 Pylu (4) * **3** Watercolours (8) * **9** Eats (2,5)
* **10** Tender (5) * **11** Ffos (5) * **12** Yn Mabwysiadu (6)
* **14** Nionod (6) * **16** Bwystfilod (6) * **19** Almaeneg (6)
* **21** Blas (5) * **24** Defnyddio (5) * **25** Uniawn (7)
* **26** Cymerwch Ofal (4,4) * **27** Cocoa (4).

Down

1 Faithful (8) * **2** Debyd (5) * **4** Refrain (6)
* **5** Cymhareb (5) * **6** Hydoedd (7) * **7** Ward (4)
* **8** Satire (6) * **13** Subtitling (8) * **15** Llawr Sglefrio (3,4)
* **17** Cyfan (6) * **18** Dirty (2,4) * **20** Hud (5) * **22** Suck (5)
* **23** Hela (4).

Rhif 37

Ar draws

7 Yn Ail (6) * **8** Tension (6) * **9** Medi (4) * **10** Penbyliaid (8)
* **11** Monitoring (7) * **13** Llefaru (5) * **15** Arall (5)
* **16** Showdown (7) * **18** Eli (8) * **19** Dune (4)
* **21** Partridges (6) * **22** Waled (6).

Down

1 Ffair (4) * **2** Am Ddim (13) * **3** Golygyddion (7)
* **4** Astudio (5) * **5** Yn Anffodus (13) * **6** Rhewgelloedd (8)
* **12** Amlinelliadau (8) * **14** Rostrums (7) * **17** Synnwyr (5)
* **20** Consume (4).

Rhif 38

Ar draws

7 Yn Faethol (13) * **8** Meini Prawf (8) * **9** Corlannau (4) * **10** Stigmau (7) * **12** Ymlacio (5) * **14** Torch (5) * **16** Cousin (7) * **19** Hunt (4) * **20** Doniolaf (8) * **22** Educationally (2,11).

Down

1 Foul (4) * **2** Arctic (6) * **3** Tragwyddol (7) * **4** Care (5) * **5** Sampl (6) * **6** Ymestyn (8) * **11** Sheets (8) * **13** Arddegau (7) * **15** Bleed (6) * **17** Nicest (6) * **18** Fleet (5) * **21** Sioe (4).

Rhif 39

Ar draws
7 Maze (6) * **8** Ceisio (6) * **9** Welfare (4) * **10** Bug (8) * **11** Wrist (7) * **13** Dictator (5) * **15** Rhaw (5) * **17** Reasoning (7) * **20** Cymryd Rhan (4,4) * **21** Big (4) * **22** Bat (6) * **23** Dull (6).

Down
1 Droller (6) * **2** Defnyddio (4) * **3** Porfa (7) * **4** Yn Aros (5) * **5** Prehistory (8) * **6** Ar-Lein (6) * **12** Deregulation (8) * **14** Rhythmau (7) * **16** Clod (6) * **18** Inner (6) * **19** Ffermydd (5) * **21** Cymar (4).

Rhif 40

Ar draws

7 Grip (6) * **8** Pwysodd (6) * **9** After (4) * **10** Synhwyrol (8) * **11** Bargen (7) * **13** Gwledig (5) * **15** Ysgubo (5) * **17** Blatantly (2,5) * **20** Normally (3,5) * **21** Ti (4) * **23** Achoswyd (6) * **24** Dredge (6).

Down

1 Treisio (4) * **2** Difyr (6) * **3** Plastig (7) * **4** Glynu (5) * **5** Jams (6) * **6** Culmination (8) * **12** Heroines (8) * **14** Anoraks (7) * **16** Clod (6) * **18** Moduron (6) * **19** Bronze (5) * **22** Side (4).

Rhif 41

Ar draws
1 Colled (4) * **3** Ymladd (8) * **9** Injuring (2,5)
* **10** Gwinwydd (5) * **11** Misconstrued (12) * **13** Discos (6)
* **15** Achlysurol (6) * **17** Cyhoeddiad (12) * **20** Rows (5)
* **21** Charge (7) * **22** Suburb (8) * **23** Dreary (4).

Down
1 Swallowed (8) * **2** Haid (5) * **4** Genau (6)
* **5** Manteisiol (12) * **6** Tunnels (7) * **7** Rhwyddineb (4)
* **8** Cardiolegydd (12) * **12** Platfform (8)
* **14** Yn Ddidwyll (7) * **16** Anwir (6) * **18** Axis (5)
* **19** Curved (4).

Rhif 42

Ar draws

1 Derbynneb (7) * **5** Extend (5) * **8** Allies (13) * **9** Swil (3) * **10** Wedi'I Forgeisio (9) * **12** Tu Ôl (6) * **13** Metrical (6) * **15** Anhysbys (9) * **16** Lane (3) * **18** Injected (13) * **20** Yn Fudr (5) * **21** Thorn (7).

Down

1 Rasys (5) * **2** Relegates (13) * **3** Yn Annynol (9) * **4** Theori (6) * **5** Clust (3) * **6** Westward (4,9) * **7** Distinctive (7) * **11** Camping (9) * **12** Blanket (7) * **14** Arllwysodd (6) * **17** Note (5) * **19** Ysbïo (3).

Rhif 43

Ar draws

1 Gwaned (4) * **3** Llond Ceg (8) * **9** Beetle (7)
* **10** Llesmeirio (5) * **11** Ffisiolegydd (12) * **14** Since (3)
* **16** Masnachu (5) * **17** Sea (3) * **18** Markets (12)
* **21** Better (5) * **22** Arsonist (7) * **23** Fig (8)
* **24** Donkey (4).

Down

1 Dehongli (8) * **2** Newydd (5) * **4** Lamb (3)
* **5** Integrate (12) * **6** Broc Môr (7) * **7** Lôn (4)
* **8** Yn Eliptig (12) * **12** Blade (5) * **13** Worries (8)
* **15** Jackets (7) * **19** Excuse (5) * **20** Cave (4)
* **22** Place (3).

Rhif 44

Ar draws

1 Path (6) * **4** Capel (6) * **9** Colony (7) * **10** Digid (5)
* **11** Melt (5) * **12** Crowns (7) * **13** I Bob Pwrpas (11)
* **18** Llyncu (7) * **20** Sudden (5) * **22** Alltud (5)
* **23** Ribosome (7) * **24** Tension (6) * **25** Pencil (6).

Down

1 Goleuadau (6) * **2** Wallet (5) * **3** Amser Gwely (7)
* **5** Confidence (5) * **6** Polar (7) * **7** Litmws (6)
* **8** Tŵr Gwylio (11) * **14** Fashion (7) * **15** Gweladwy (7)
* **16** Haeru (6) * **17** Beside (2,4) * **19** Leather (5)
* **21** Disgiau (5).

Rhif 45

Ar draws

1 Cynddaredd (4) * **3** Calendr (8) * **9** Pheasant (7)
* **10** Breasting (5) * **11** Camps (12) * **14** Salmon (3)
* **16** Noeth (5) * **17** Sych (3) * **18** Shellfish (6,6)
* **21** Bush (5) * **22** Dyfalodd (7) * **23** Canteen (8)
* **24** Low (4).

Down

1 Ffoaduriaid (8) * **2** Gwyddau (5) * **4** Celf (3)
* **5** Brodwaith (12) * **6** Ofnus (7) * **7** Confer (4)
* **8** Carcinogens (12) * **12** Yn Hoffi (5) * **13** Periodic (8)
* **15** Spectators (7) * **19** Nwyon (5) * **20** Patient (4)
* **22** False (3).

Rhif 46

Ar draws

1 Entrance (7) * **5** Bucket (5) * **8** Safely (2,7) * **9** Era (3)
* **10** Gift (5) * **12** Equated (2,5) * **13** Bregusrwydd (13)
* **15** Immerse (7) * **17** Elijah (5) * **19** Duw (3)
* **20** Canol Oed (6,3) * **22** Arwyddion (5)
* **23** Campaign (7).

Down

1 Maer (5) * **2** Aim (3) * **3** Lleihau (7)
* **4** Unsustainable (13) * **5** Gap (5) * **6** Boulders (9)
* **7** Arddangos (7) * **11** Implicated (9) * **13** Mordeithiau (7)
* **14** Ideology (7) * **16** Aelodau (5) * **18** Arrow (5)
* **21** Gold (3).

Rhif 47

Ar draws

1 Camouflage (7) * **5** Gwobr (5) * **8** Llenwyr (7)
* **9** Clywodd (5) * **10** Powlenni (5) * **11** Traul (7)
* **12** Chewing (2,4) * **14** Cysgodol (6) * **17** Cadmium (7)
* **19** Migrant (5) * **22** Arddull (5) * **23** Tetanws (7)
* **24** Unedau (5) * **25** Boy (7).

Down

1 Monument (5) * **2** Deluge (5) * **3** Voiced (7)
* **4** Gwastraffu (6) * **5** Random (2,3) * **6** Comma (7)
* **7** Impartial (7) * **12** Hates (2,5) * **13** Chains (7)
* **15** Hamitaidd (7) * **16** React (6) * **18** Eitemau (5)
* **20** Danish (5) * **21** Sweets (5).

Rhif 48

Ar draws

1 Owe (4) * **3** Yn Perfformio (8) * **9** Sicr (7) * **10** Llawr (5)
* **11** Tide (5) * **12** Jobs (6) * **14** Keeps (2,4)
* **16** Glanfeydd (6) * **19** Levy (6) * **21** Coediog (5)
* **24** Handy (5) * **25** Sends (2,5) * **26** Rhagfyr (8)
* **27** Afterward (2,2).

Down

1 Breathalysers (8) * **2** Good Night (3,2) * **4** Hynaf (6)
* **5** Hanner Cant (5) * **6** Donor (7) * **7** Sbrigyn (4)
* **8** Dread (6) * **13** Ascending (8) * **15** Cronig (7)
* **17** Easiest (6) * **18** Teaspoon (4,2) * **20** Odiwm (5)
* **22** Appliances (5) * **23** Cheap (4).

Rhif 49

Ar draws
7 Cries (2,4) * **8** Layers (6) * **9** Defnyddio (4) * **10** Theories (8) * **11** Remoter (7) * **13** Grafting (5) * **15** Tick (5) * **16** Yn Llosgi (7) * **18** Coffadwriaeth (8) * **19** Actau (4) * **21** Judas (6) * **22** Paid (6).

Down
1 Inciau (4) * **2** Holland (2,11) * **3** Cyswllt (7) * **4** Cynfas (5) * **5** Yn Andwyol (13) * **6** Trethiant (8) * **12** Epidemic (8) * **14** Deuoliaeth (7) * **17** Cyntaf (5) * **20** Dune (4).

Rhif 50

Ar draws

7 Reincarnate (13) * **8** Carpenter (4,4) * **9** Power (4)
* **10** Cry (7) * **12** Rygbi (5) * **14** Yn Para (5)
* **16** Cysgodion (7) * **19** Pen-Glin (4) * **20** Amlen (8)
* **22** Deprecate (13).

Down

1 Devour (4) * **2** Account (6) * **3** Exotic (7) * **4** Garden (5)
* **5** Times (6) * **6** Butterfly (5,3) * **11** Dysgu (8)
* **13** Crynwyr (7) * **15** Defeat (6) * **17** Twyllo (6)
* **18** Ymddengys (5) * **21** Insect (4).

Rhif 51

Ar draws
7 Frail (6) * **8** Chwifio (6) * **9** Ffair (4) * **10** Fills (2,6) * **11** Dirgel (7) * **13** Taenu (5) * **15** Dirwyn (5) * **16** Convened (7) * **18** Dramatig (8) * **19** Amser (4) * **21** Guns (6) * **22** Cytunwyd (6).

Down
1 Heicio (4) * **2** Hysbyseb (13) * **3** Chwaraewyr (7) * **4** Shilling (5) * **5** Difodyddion (13) * **6** Pêl Eira (8) * **12** Insurers (8) * **14** Topics (7) * **17** Torsythu (5) * **20** Field (4).

Rhif 52

Ar draws

7 Microdon (13) * **8** Cynhyrfwr (8) * **9** Enwogion (4)
* **10** Clocks (7) * **12** Doniol (5) * **14** Movie (5)
* **16** Cymynrodd (7) * **19** Ufuddhau (4) * **20** Excusing (8)
* **22** Radiographers (13).

Down

1 Brenin (4) * **2** Arctig (6) * **3** Stitches (7) * **4** Pob (5)
* **5** Beards (6) * **6** Elfennau (8) * **11** Bad Achub (8)
* **13** Belgaidd (7) * **15** Navigation (6) * **17** Anniogel (6)
* **18** Silff (5) * **21** Intense (4).

Rhif 53

Ar draws

7 Shaven (6) * **8** Unarddeg (6) * **9** Brenin (4) * **10** Oes (8)
* **11** Llwyddiant (7) * **13** Cwmwl (5) * **15** Yn Agor (5)
* **17** Dyfalodd (7) * **20** Epidemig (8) * **21** Cnoi (4)
* **22** Difrod (6) * **23** To Stop (6).

Down

1 Kicks (6) * **2** Fflangellu (4) * **3** Trist (7) * **4** Nervy (5)
* **5** Ymlusgiaid (8) * **6** Germs (6) * **12** Canadaidd (8)
* **14** Alltud (7) * **16** Bakeries (6) * **18** Emetig (6)
* **19** Alternative (5) * **21** Brân (4).

Rhif 54

Ar draws
7 Aros (6) * **8** Boxing (6) * **9** Sglodion (4) * **10** Dewisol (8) * **11** Enclosure (7) * **13** Cyfaddef (5) * **15** Envelope (5) * **17** Terminated (7) * **20** Rhagolwg (8) * **21** Medi (4) * **23** Tightly (2,4) * **24** Ailwerthu (6).

Down
1 Teat (4) * **2** Gym (6) * **3** Last Name (3,4) * **4** Smotiau (5) * **5** Fforddio (6) * **6** Ymlediad (8) * **12** Pilen (8) * **14** Hectar (7) * **16** Traethodau (6) * **18** Coedwig (6) * **19** Bod (5) * **22** Cynghreiriad (4).

Rhif 55

Ar draws

1 Ciwb (4) * **3** Lleoliad (8) * **9** Doniol (7) * **10** Locket (5)
* **11** Ôl-Raddedig (12) * **13** Examining (6) * **15** Bird (6)
* **17** Dillad Nos (12) * **20** Nodwyd (5) * **21** Pelydru (7)
* **22** Advertisement (8) * **23** Defnyddio (4).

Down

1 Clamps (8) * **2** Pyliau (5) * **4** Angles (6)
* **5** Reinvest (3-9) * **6** Ysgogydd (7) * **7** Nodding (4)
* **8** Recyclable (12) * **12** Islands (8) * **14** Contagious (7)
* **16** Prin (6) * **18** Penaethiaid (5) * **19** Modfedd (4).

Rhif 56

Ar draws
1 Llysiau (7) * **5** Suppers (5) * **8** Is - Bwyllgorau (13)
* **9** Dau (3) * **10** Threadbare (9) * **12** Hatter (6)
* **13** Fideos (6) * **15** Grisiau (9) * **16** Mention (3)
* **18** Rhagolygon (13) * **20** Thump (5) * **21** Goods (7).

Down
1 Ymweld (5) * **2** Is-Gontractwr (13) * **3** Ecologists (9)
* **4** Sums (6) * **5** Gosod (3) * **6** Voted (13)
* **7** Yn Ymddiswyddo (7) * **11** Yn Amlwg (9) * **12** Gŵr (7)
* **14** Digwydd (6) * **17** Zoom In (5) * **19** Shut (3).

Rhif 57

Ar draws

1 Cegrythu (4) * **3** Masnachwr (8) * **9** Ailaddasu (7)
* **10** Yn Codi (5) * **11** Computerise (12) * **14** Llysywen (3)
* **16** Prominent (5) * **17** Lludw (3) * **18** Rained (4,4,4)
* **21** Ymwybodol (5) * **22** Patrons (7) * **23** Advise (8)
* **24** Unit (4).

Down

1 Overlord (8) * **2** Test (5) * **4** Bwyta (3) * **5** Kindness (12)
* **6** Awstria (7) * **7** Toast (4) * **8** Cannibalism (12)
* **12** Beneath (5) * **13** Sometime (8) * **15** Wail (7)
* **19** Grove (5) * **20** Bank (4) * **22** Nac Ychwaith (3).

Rhif 58

Ar draws

1 Derbyn (6) * **4** Defnyddiol (6) * **9** Seiclon (7)
* **10** Cysgodol (5) * **11** Monkey (5) * **12** Masters (7)
* **13** Drwgewyllys (11) * **18** Crescents (7) * **20** Ffawydd (5)
* **22** Uncooked (5) * **23** Noughts (7) * **24** Sboncen (6)
* **25** Salmau (6).

Down

1 Alchemy (6) * **2** Wasps (5) * **3** Addewid (7) * **5** Swshi (5)
* **6** Wyllt (7) * **7** Navigation (6) * **8** Ail-Fewnforio (11)
* **14** Emit (7) * **15** Arwyddluniau (7) * **16** Cefnforoedd (6)
* **17** Llwyni (6) * **19** Suited (5) * **21** Axis (5).

Rhif 59

Ar draws
1 Drinker (4) * **3** Wedi Drysu (8) * **9** Throne (7)
* **10** Enwau (5) * **11** Bankruptcies (12) * **14** Ie (3)
* **16** Ffens (5) * **17** Ti (3) * **18** Prefigured (12)
* **21** Salwch (5) * **22** Golygyddion (7) * **23** Talcen (8)
* **24** Inciau (4).

Down
1 Undertake (8) * **2** Gwaethaf (5) * **4** Age (3)
* **5** Vandalising (12) * **6** Crynodeb (7) * **7** Cyfnos (4)
* **8** Aristocracy (12) * **12** Hiraeth (5) * **13** Awgrymu (8)
* **15** Ysgolhaig (7) * **19** Boddi (5) * **20** Lowest (4)
* **22** Ape (3).

Rhif 60

Ar draws

1 Dynamig (7) * **5** Income (5) * **8** Canolwyr (9)
* **9** Nine (3) * **10** Sêr (5) * **12** Ffwrnais (7)
* **13** Averagely (2,11) * **15** Terrier (7) * **17** Longest (5)
* **19** Coch (3) * **20** Depends (2,7) * **22** Torri (5)
* **23** Wcrain (7).

Down

1 Cromenni (5) * **2** Aim (3) * **3** Sweetest (7)
* **4** Malformations (13) * **5** Mewnol (5) * **6** Allowed (9)
* **7** Greatness (7) * **11** Museum (9) * **13** Authoress (7)
* **14** Rescuer (7) * **16** Furrow (5) * **18** Ffliwt (5)
* **21** Nephew (3).

Rhif 61

(crossword grid)

Ar draws

1 Wasp (7) * **5** Hot (5) * **8** Neighbour (7) * **9** Alffa (5)
* **10** Sidanllyd (5) * **11** State (7) * **12** Final (6)
* **14** Appetizer (6) * **17** Coordinate (7) * **19** Gwylio (5)
* **22** Income (5) * **23** Sunday (4,3) * **24** Astudio (5)
* **25** Honestly (2,5).

Down

1 Cookies (5) * **2** Cloud (5) * **3** Needle (7)
* **4** Nosweithiau (6) * **5** Perl (5) * **6** Gwag (7)
* **7** Barbariad (7) * **12** Twyll (7) * **13** Fastened (4,3)
* **15** Succeed (7) * **16** Dydd Sul (6) * **18** Blasus (5)
* **20** Blas (5) * **21** Salty (5).

Rhif 62

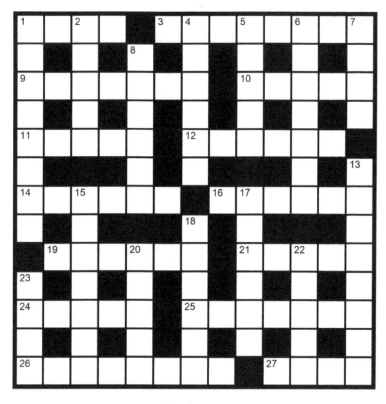

Ar draws

1 Cuddio (4) * **3** Trefgordd (8) * **9** Clasurol (7)
* **10** Rugby (5) * **11** Restore (5) * **12** Blaenoriaid (6)
* **14** Almon (6) * **16** Pysgota (6) * **19** Gwingo (6)
* **21** Impairments (5) * **24** Outward (5) * **25** Dogn (7)
* **26** Summary (8) * **27** Stool (4).

Down

1 Hectares (8) * **2** Corrach (5) * **4** Meddiannu (6)
* **5** Nervy (5) * **6** Accessible (7) * **7** Price (4) * **8** Alien (6)
* **13** Decorative (8) * **15** Yn Foesol (7) * **17** Anwybyddu (6)
* **18** Teml (6) * **20** Ignite (5) * **22** Llaith (5) * **23** Park (4).

Rhif 63

Ar draws

7 Chewing (2,4) * **8** Knead (6) * **9** Has (4) * **10** Cymynroddion (8) * **11** Pwmpio (7) * **13** Beaver (5) * **15** Arogl (5) * **16** Gorwedd I Lawr (3,4) * **18** Mwyaf (8) * **19** Syniad (4) * **21** Oedolion (6) * **22** Llinol (6).

Down

1 Pen-Glin (4) * **2** Anhepgor (13) * **3** Lladd (7) * **4** Llwyfan (5) * **5** Encroach (13) * **6** Nineteen (2,3,3) * **12** Superior (8) * **14** Ffistwla (7) * **17** Trwchus (5) * **20** Yarn (4).

Rhif 64

Ar draws
7 Despoiled (13) * **8** Points (8) * **9** Adlais (4)
* **10** Loathe (7) * **12** Shelved (5) * **14** Dirmygu (5)
* **16** Pensiliau (7) * **19** Low (4) * **20** Sidan Fel (8)
* **22** Sefydliadau (13).

Down
1 Eira (4) * **2** Rentals (6) * **3** Cyfyngedig (7)
* **4** Gwaeddwch (5) * **5** Heresy (6) * **6** Extreme (8)
* **11** Cyhuddwyr (8) * **13** Bases (7) * **15** Mabol (6)
* **17** Calcite (6) * **18** Shoe (5) * **21** Caredig (4).

Rhif 65

Ar draws
7 Iddewig (6) * **8** Eithriedig (6) * **9** Calves (4)
* **10** Pronunciation (8) * **11** Gentle (7) * **13** Synnwyr (5)
* **15** Mwynhau (5) * **17** Terfysgwyr (7) * **20** Category (8)
* **21** Scan (4) * **22** Llawes (6) * **23** Heroic (6).

Down
1 Bloeddiodd (6) * **2** Countless (2-2) * **3** Bandaging (7)
* **4** Pwyso (5) * **5** Ail-Fuddsoddi (8) * **6** Siarad (6)
* **12** Blodeuog (8) * **14** Tebyg (7) * **16** Bron (6)
* **18** Rheswm (6) * **19** Symudwr (5) * **21** Suits (4).

Rhif 66

Ar draws
7 Torgest (6) * **8** Reins (6) * **9** Jesus (4)
* **10** Impossible (8) * **11** Idioms (7) * **13** Yn Wir (5)
* **15** Isolation (5) * **17** Agen (7) * **20** Inches (8)
* **21** Taclus (4) * **23** Barddonol (6) * **24** Alchemy (6).

Down
1 Leech (4) * **2** Beats (2,4) * **3** Salads (7) * **4** Ymdrochi (5)
* **5** Synhwyrydd (6) * **6** Carbolaidd (8) * **12** Indicative (8)
* **14** Privates (7) * **16** Diogelwch (6) * **18** Fenis (6)
* **19** Gorchymyn (5) * **22** Arfau (4).

Rhif 67

Ar draws
1 Rice (4) * **3** Optimistiaeth (8) * **9** Backslash (5,2) * **10** Snatch (5) * **11** Troposfferig (12) * **13** Slope (6) * **15** Isotope (6) * **17** Heated (5,7) * **20** Handy (5) * **21** Bodlon (7) * **22** Daioni (8) * **23** Cochion (4).

Down
1 Ailsefydlu (8) * **2** To Hit (1,4) * **4** Polypau (6) * **5** Yn Gynyddol (12) * **6** Argraffu (7) * **7** Rhos (4) * **8** Scholars (12) * **12** Upsurges (8) * **14** Anoint (7) * **16** Church (6) * **18** Alltud (5) * **19** Llabwst (4).

Rhif 68

Ar draws

1 Nonsense (7) * **5** Escape (5) * **8** Unashamedly (2,11)
* **9** Kick (3) * **10** Senses (9) * **12** Symbol (6)
* **13** Haeru (6) * **15** Airman (9) * **16** Cymhorth (3)
* **18** Yn Fygythiol (13) * **20** Uninterrupted (5)
* **21** Embellish (7).

Down

1 Forks (5) * **2** Mistaken (4,9) * **3** Brwmstan (9)
* **4** Imiwnedd (6) * **5** Walks (3) * **6** Inhospitable (13)
* **7** Llygredig (7) * **11** Ulcerous (9) * **12** Slatted (7)
* **14** Antenna (6) * **17** Manicure (5) * **19** Hour (3).

Rhif 69

Ar draws
1 Bil (4) * **3** Wedi Dyfeisio (8) * **9** Cneuen Gcoco (7)
* **10** Parciau (5) * **11** Rotations (12) * **14** Bwyta (3)
* **16** Ffawna (5) * **17** Syr (3) * **18** Guardian (12)
* **21** Rhydlyd (5) * **22** Ceiniogau (7) * **23** Robustly (2,6)
* **24** Sawdl (4).

Down
1 Beiciau (8) * **2** Lleol (5) * **4** Rhwyd (3)
* **5** Esboniadau (12) * **6** Llinynnau (7) * **7** Desg (4)
* **8** Unfamiliar (12) * **12** Garw (5) * **13** Dignified (8)
* **15** Prince (7) * **19** Ysgrifennu (5) * **20** Byddin (4)
* **22** Pure (3).

Rhif 70

Ar draws

1 Track (6) * **4** Creulon (6) * **9** Ar Gam (7) * **10** Lawn (5) * **11** Cas (5) * **12** Yn Adrodd (7) * **13** Cysylltnod (11) * **18** Traffig (7) * **20** Up (1,4) * **22** Require (5) * **23** Monetary (7) * **24** Stryd (6) * **25** Nyrsio (6).

Down

1 Lavender (6) * **2** Cymru (5) * **3** Cabbages (7) * **5** Crair (5) * **6** Infuse (7) * **7** Diweddaraf (6) * **8** Secrets (11) * **14** Practice (7) * **15** Tricks (7) * **16** Cyfnodau (6) * **17** Wedi Seiclo (6) * **19** Ffens (5) * **21** Nearer (2,3).

Rhif 71

Ar draws
1 Den (4) * **3** Catholic (8) * **9** Promising (7)
* **10** Strawberries (5) * **11** Ail-Ddosbarthu (12)
* **14** Derw (3) * **16** Swnllyd (5) * **17** Bwytaodd (3)
* **18** Adleoli (12) * **21** Gele (5) * **22** Entertain (7)
* **23** Gwisgoedd (8) * **24** Adlais (4).

Down
1 Favourable (8) * **2** Ychwanegwyd (5) * **4** Often (3)
* **5** Adopts (2,10) * **6** Spoiled (7) * **7** Colli (4)
* **8** Services (12) * **12** Numbering (5) * **13** Immigration (8)
* **15** Ceidwaid (7) * **19** Young (5) * **20** Block (4)
* **22** Lliwio (3).

Rhif 72

Ar draws

1 Alaw (7) * **5** Raga (5) * **8** Inflows (9) * **9** Gwlyb (3)
* **10** Spain (5) * **12** Cefnforol (7) * **13** Microdon (13)
* **15** Ael (7) * **17** Amenable (5) * **19** Arlliw (3)
* **20** Cryndod (9) * **22** Enchant (5) * **23** Yn Canfod (7).

Down

1 Meimiau (5) * **2** Isel (3) * **3** Designing (7)
* **4** Employability (13) * **5** Llwybr (5) * **6** Superficially (9)
* **7** Erthygl (7) * **11** Archelyn (9) * **13** Luxuriating (7)
* **14** Arddangos (7) * **16** Cymhareb (5) * **18** Cyflog (5)
* **21** Ink (3).

Rhif 73

Ar draws

1 Wedi'I Sicrhau (7) * **5** Llawen (5) * **8** Golygyddion (7) * **9** Mintai (5) * **10** Puppet (5) * **11** Tanwydd (7) * **12** Tainting (6) * **14** Mend (6) * **17** Dihangfa (7) * **19** Adventure (5) * **22** Coffee (5) * **23** Gadael (7) * **24** Chwerthin (5) * **25** Treiglo (7).

Down

1 Cwsg (5) * **2** Trydar (5) * **3** Donor (7) * **4** Anialwch (6) * **5** Motiff (5) * **6** Terfysgwyr (7) * **7** Passing (2,5) * **12** Rhesymegol (7) * **13** Throws (2,5) * **15** Ailaddasu (7) * **16** Rapid (6) * **18** Pa (5) * **20** Sad (5) * **21** Anhyblyg (5).

Rhif 74

Ar draws

1 Yn Bwyta (4) * **3** Telescope (8) * **9** Deilen Ffigys (3,4)
* **10** Sauna (5) * **11** Rhengoedd (5) * **12** Watching (6)
* **14** Yn Hawdd (6) * **16** Sgowtiaid (6) * **19** Dyfodol (6)
* **21** Dyddiadur (5) * **24** Sofa (5) * **25** Envelopes (7)
* **26** French (8) * **27** Going (4).

Down

1 Yn Gorfodi (8) * **2** Toy (5) * **4** Delw (6) * **5** Traethawd (5)
* **6** Groups (7) * **7** Chwarae (4) * **8** Pencil (6)
* **13** Regard (8) * **15** Stwffwl (7) * **17** Cwtsh (6)
* **18** Benyw (6) * **20** Twenty (5) * **22** Cythruddo (5)
* **23** Lowest (4).

Rhif 75

Ar draws

7 Cynghreiriaid (6) * **8** Lessons (6) * **9** Undoubtedly (4)
* **10** Uneven (8) * **11** Walking (7) * **13** Arall (5)
* **15** Nyrs (5) * **16** Yn Gyflym (7) * **18** Snail (8)
* **19** Eight (4) * **21** Nodwydd (6) * **22** Feckless (2-4).

Down

1 Clay (4) * **2** Talkativeness (13) * **3** Dihangodd (7)
* **4** Skier (5) * **5** Sensitivity (13) * **6** Room (8)
* **12** Addysgwyd (8) * **14** Complained (7)
* **17** Ychwanegwyd (5) * **20** Hwn (4).

Rhif 76

Ar draws

7 Calligraphy (13) * **8** Promoting (8) * **9** Gwir (4)
* **10** To Continue (1,6) * **12** Break (5) * **14** Addurno (5)
* **16** Yn Cyflawni (7) * **19** Punishment (4) * **20** Eiriolwr (8)
* **22** Siaradusrwydd (13).

Down

1 Dibynnu (4) * **2** Ateb (6) * **3** Tables (7) * **4** Taflu (5)
* **5** Peptic (6) * **6** Hazelnuts (4,4) * **11** Baths (8)
* **13** Goroesi (7) * **15** Cerydd (6) * **17** Yn Wynebu (6)
* **18** Rhannau (5) * **21** Prawf (4).

Rhif 77

Ar draws

7 Alpaidd (6) * **8** Hounds (6) * **9** Pwll (4) * **10** Grwpio (8) * **11** Ar Goll (7) * **13** Cyntaf (5) * **15** Gwirionedd (5) * **17** Sinsir (7) * **20** Culmination (8) * **21** Ardoll (4) * **22** Clwyfau (6) * **23** Llawes (6).

Down

1 Locate (6) * **2** Mule (4) * **3** Yn Cyfuno (7) * **4** Rule (5) * **5** Clapio (8) * **6** Siglenni (6) * **12** Yn Setlo (8) * **14** Temperance (7) * **16** Ribbed (6) * **18** Adfywio (6) * **19** Achos (5) * **21** Lion (4).

Rhif 78

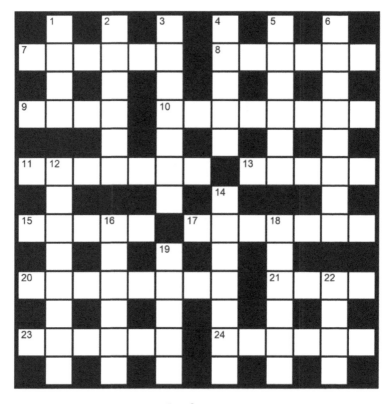

Ar draws
7 Creol (6) * **8** Shrubs (6) * **9** Donkey (4) * **10** Caused (8)
* **11** Drove (7) * **13** Drank (5) * **15** Sleisen (5)
* **17** Maestrefi (7) * **20** Minlliw (8) * **21** Gwelyau (4)
* **23** Filthy (6) * **24** Irony (6).

Down
1 Grace (4) * **2** Gynt (6) * **3** Binary (7) * **4** Alffa (5)
* **5** Densest (6) * **6** Endearment (8) * **12** Inflaming (2,6)
* **14** Ffodusach (7) * **16** Console (6) * **18** Anweledig (6)
* **19** Escape (5) * **22** Tooth (4).

Rhif 79

Ar draws

1 Cogydd (4) * 3 Upsurges (8) * 9 Blister (7) * 10 Wing (5)
* 11 Rhwymedd (12) * 13 Theory (6) * 15 Pardwn (6)
* 17 Estynedig (12) * 20 Battery (5) * 21 Saith Deg (7)
* 22 Enrol (8) * 23 Below (4).

Down

1 Gallu (8) * 2 Extend (5) * 4 Polypau (6)
* 5 Anatyniadol (12) * 6 Adolescent (7) * 7 Cloddio (4)
* 8 Darlithyddiaethau (12) * 12 Respirator (8)
* 14 Cyhydedd (7) * 16 Grocery (6) * 18 Hongian (5)
* 19 Ufuddhau (4).

Rhif 80

Ar draws
1 Start (7) * **5** Carrots (5) * **8** Periodically (1,4,2,6)
* **9** Nephew (3) * **10** Ideological (9) * **12** Llwybrau (6)
* **13** Cytunwyd (6) * **15** Beef (3,6) * **16** Team (3)
* **18** Cyfranogol (13) * **20** Stori (5) * **21** Will (7).

Down
1 Coron (5) * **2** Scorecards (7,6) * **3** Refrigerated (5,4)
* **4** Ninth (6) * **5** May (3) * **6** Interactive (13)
* **7** Nodwled (7) * **11** Chwedlonol (9) * **12** Ryseitiau (7)
* **14** Rhannu (6) * **17** Yn Cyfarfod (5) * **19** Rhewllyd (3).

Rhif 81

Ar draws

1 Tadau (4) * **3** Psychosis (8) * **9** Tudalen We (3,4)
* **10** Enchant (5) * **11** Televisions (6,6) * **14** Kick (3)
* **16** Anaddas (5) * **17** Coal (3) * **18** Sprayed (12)
* **21** Taflu (5) * **22** Yn Fyr (7) * **23** Deheuol (8)
* **24** Remaining (2,2).

Down

1 Choose (8) * **2** Debyd (5) * **4** Llygad (3) * **5** Related (12)
* **6** Officer (7) * **7** Esgid (4) * **8** Parasitism (12)
* **12** Trin (5) * **13** Navigational (8) * **15** Muscles (7)
* **19** Tools (5) * **20** Hwn (4) * **22** Short (3).

Rhif 82

Ar draws

1 Longer (6) * **4** Tolerate (6) * **9** Farmhouse (7)
* **10** Nervy (5) * **11** Estron (5) * **12** Golchi (7)
* **13** Parasites (11) * **18** Dwarf (7) * **20** Almond (5)
* **22** Wheel (5) * **23** Crychu (7) * **24** Sbynglyd (6)
* **25** Spirit (6).

Down

1 Hover (6) * **2** Swear (5) * **3** Assembly (7) * **5** Timid (5)
* **6** Mischief (7) * **7** Ymylol (6) * **8** Colleague (11)
* **14** Varying (7) * **15** Italig (7) * **16** Actorion (6)
* **17** Vapour (6) * **19** Urge (5) * **21** Gwneuthurwr (5).

Rhif 83

Ar draws
1 Plant (4) * **3** Correctors (8) * **9** Nuisance (7)
* **10** Desgiau (5) * **11** Businessmen (6,6) * **14** Month (3)
* **16** Germinate (5) * **17** Noah (3) * **18** Apologised (12)
* **21** Should (5) * **22** Di-Ben-Draw (7)
* **23** Obedience (5-3) * **24** Curved (4).

Down
1 Teyrnasoedd (8) * **2** Wizard (5) * **4** Ie (3)
* **5** Yn Anhydawdd (12) * **6** Gorllewinol (7) * **7** Codi (4)
* **8** Canonisation (12) * **12** Mottled (5) * **13** Synfyfyrio (8)
* **15** Samples (7) * **19** Arogl (5) * **20** Yarn (4)
* **22** Unification (3).

Rhif 84

Ar draws

1 Yn Canfod (7) * **5** Awyddus (5) * **8** Safer (9) * **9** Oes (3) * **10** Nervy (5) * **12** Nicotine (7) * **13** Cyfieithiadol (13) * **15** Brecio (7) * **17** Saucer (5) * **19** Kick (3) * **20** Sefydlogrwydd (9) * **22** Owns (5) * **23** Gwisgodd (7).

Down

1 Tuneless (2-3) * **2** Rhy (3) * **3** Credydau (7) * **4** Bloodstains (8,5) * **5** Moeseg (5) * **6** Cyfarchion (9) * **7** Partial (7) * **11** Projection (9) * **13** Tybaco (7) * **14** Ysbrydoli (7) * **16** Mater (5) * **18** Loose (5) * **21** Thrill (3).

Rhif 85

Ar draws

1 Mudol (7) * **5** Czech (5) * **8** Mwyn (7) * **9** Ble (5)
* **10** Tide (5) * **11** Dadansoddi (7) * **12** Cowboy (6)
* **14** Credyd (6) * **17** Fanila (7) * **19** Copa (5)
* **22** Ystafelloedd (5) * **23** Slithering (7) * **24** Desgiau (5)
* **25** Grabbed (7).

Down

1 Maternal (5) * **2** Bit (5) * **3** Varying (7) * **4** Potholes (6)
* **5** Tuba (5) * **6** Atlantic (7) * **7** Client (7)
* **12** Gorchuddiedig (7) * **13** Ffenestri (7) * **15** Atebodd (7)
* **16** Garlleg (6) * **18** Rhestrau (5) * **20** Teacher (5)
* **21** Cleddyf (5).

Rhif 86

Ar draws

1 Bom (4) * **3** Biopsïau (8) * **9** Sank (7) * **10** Swyn (5)
* **11** Bai (5) * **12** Century (6) * **14** Labour (6)
* **16** Hooves (6) * **19** Moth (6) * **21** Henry (5)
* **24** Country (5) * **25** Fully (2,5) * **26** Bathe (8)
* **27** Pen-Glin (4).

Down

1 Pêl Fas (8) * **2** Cyfryngau (5) * **4** Cymell (6)
* **5** Toolbox (5) * **6** Eidaleg (7) * **7** Bulk (4)
* **8** Mornings (6) * **13** Cynulleidfa (8) * **15** Beloved (7)
* **17** Examining (6) * **18** Magnanimously (2,4)
* **20** Video (5) * **22** These (5) * **23** Hyll (4).

Rhif 87

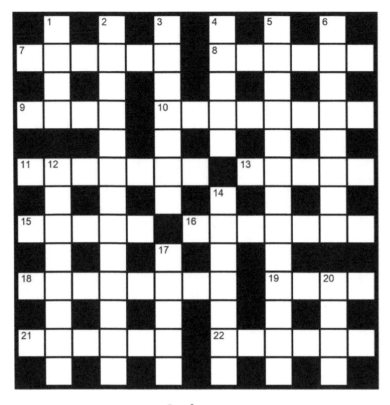

Ar draws
7 Grew (6) * **8** Naughtiest (6) * **9** Nerve (4)
* **10** Wedi'I Fewnforio (8) * **11** Crowned (7) * **13** Above (5)
* **15** Carthffos (5) * **16** Fiery (7) * **18** Di-Fywyd (8)
* **19** Gwraidd (4) * **21** Tanio (6) * **22** Ysgol (6).

Down
1 Math (4) * **2** Morphogenesis (13) * **3** Cynghorydd (7)
* **4** Addasu (5) * **5** Hydroclorid (13) * **6** Categori (8)
* **12** Agoriadau (8) * **14** Parcels (7) * **17** Twymyn (5)
* **20** Orange (4).

Rhif 88

Ar draws

7 Geiriadurwr (13) * **8** Yn Dringo (8) * **9** Hyll (4)
* **10** Reflect (7) * **12** Cyfnewid (5) * **14** Cerddi (5)
* **16** Brawl (7) * **19** Myrrh (4) * **20** Di - Waith (8)
* **22** Homogenising (13).

Down

1 Pryd O Fwyd (4) * **2** Siomedigaeth (6) * **3** Robs (7)
* **4** Scent (5) * **5** Sbriws (6) * **6** Culmination (8)
* **11** Consecutive (2,6) * **13** Farewell (7) * **15** Seals (6)
* **17** Wallets (6) * **18** Suppers (5) * **21** Sgwennu (4).

Rhif 89

Ar draws

7 Myopic (6) * **8** Pains (6) * **9** Troi (4) * **10** Linguist (8)
* **11** Blister (7) * **13** Henry (5) * **15** Yr Aifft (5)
* **17** Cyfiawnder (7) * **20** Filings (8) * **21** Sur (4)
* **22** Trailing (6) * **23** Bownsio (6).

Down

1 Wish (6) * **2** Agor (4) * **3** Scramble (7) * **4** Hollti (5)
* **5** Failure (8) * **6** Ysgol (6) * **12** Hapusaf (8)
* **14** Maestrefi (7) * **16** Twin (6) * **18** Eglwys (6)
* **19** Gweddw (5) * **21** Cau (4).

Rhif 90

Ar draws

7 Pipe (6) * **8** Statig (6) * **9** Torth (4) * **10** Softest (8)
* **11** Once (7) * **13** Fatten (5) * **15** Yn Agor (5)
* **17** Suitably (2,5) * **20** Symphony (8) * **21** Curo (4)
* **23** Thames (6) * **24** Treasured (6).

Down

1 Cilo (4) * **2** Wake Up (6) * **3** Hinsawdd (7)
* **4** O'R Neilltu (5) * **5** Gadael (6) * **6** Getaway (8)
* **12** Napkins (8) * **14** Pryder (7) * **16** Swimmer (6)
* **18** Duplicitous (6) * **19** Ymffrost (5) * **22** Anode (4).

Rhif 91

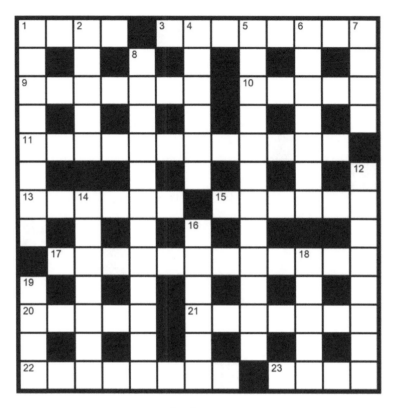

Ar draws

1 Hens (4) * **3** Lasted (8) * **9** Silffoedd (7) * **10** Cyfaill (5)
* **11** Cyfryngwr (12) * **13** Priddlyd (6) * **15** Breeding (6)
* **17** By-Product (4-8) * **20** Ivory (5) * **21** Idioms (7)
* **22** Lliniaru (8) * **23** I Mewn (4).

Down

1 Ysbrydolwyd (8) * **2** Anaddas (5) * **4** Ateb (6)
* **5** Unbranded (3,2,7) * **6** Archebwyd (7) * **7** Intense (4)
* **8** Llethol (12) * **12** Sunbathe (8)
* **14** Llysiau'R Gingroen (7) * **16** Telynegwr (6)
* **18** Rhufeinaidd (5) * **19** Cadarn (4).

Rhif 92

Ar draws
1 Ailweithio (7) * **5** Famous (5) * **8** Collective (13) * **9** Deck (3) * **10** Beams (9) * **12** Quintet (6) * **13** Cage (6) * **15** Bookworm (9) * **16** Ein (3) * **18** Despoiled (13) * **20** Silks (5) * **21** Joined (7).

Down
1 Rocket (5) * **2** Mistaken (4,9) * **3** Jurists (9) * **4** Ultimate (6) * **5** Clust (3) * **6** Recorded (5,8) * **7** Graddol (7) * **11** Scarves (9) * **12** Colofnau (7) * **14** Del (6) * **17** Anhyblyg (5) * **19** Our (3).

Rhif 93

Ar draws
1 Annog (4) * **3** Elephant (8) * **9** Silff (7) * **10** Gases (5)
* **11** Revolutionary (12) * **14** Hour (3) * **16** Thema (5)
* **17** Herein (3) * **18** Hedonistic (12) * **21** Reputation (3,2)
* **22** Balŵn (7) * **23** Brysio (8) * **24** Shed (4).

Down
1 Anghymdeithasol (8) * **2** Paler (5) * **4** Llanc (3)
* **5** Hanfodion (12) * **6** Unrhyw Un (7) * **7** Pitw (4)
* **8** Esblygiadol (12) * **12** Freeze (5) * **13** Pardwn (8)
* **15** Runners (7) * **19** Ivory (5) * **20** Teat (4)
* **22** Gwaharddiad (3).

Rhif 94

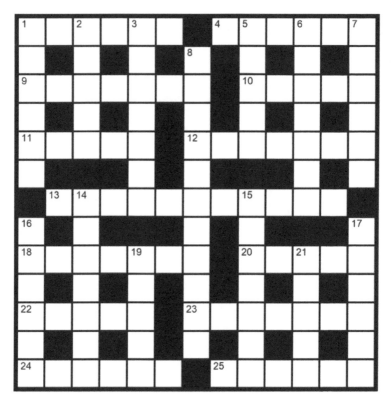

Ar draws
1 Uncertain (6) * **4** Siarad (6) * **9** Enghraifft (7)
* **10** Rasys (5) * **11** Company (5) * **12** Sylweddoli (7)
* **13** Ffederasiynau (11) * **18** Cyclone (7) * **20** Pwls (5)
* **22** Movie (5) * **23** Wedi Boddi (7) * **24** Galarnad (6)
* **25** Bwystfilod (6).

Down
1 Asiantaeth (6) * **2** Haid (5) * **3** Coedlan (7)
* **5** Pasture (5) * **6** Arwerthiant (7) * **7** Cyfundrefn (6)
* **8** Machinist (11) * **14** Elitiaeth (7) * **15** Gwella (7)
* **16** Defnyddiol (6) * **17** Shrimp (6) * **19** Lemon (5)
* **21** Tiroedd (5).

Rhif 95

Ar draws

1 Cymar (4) * **3** Negeseuon (8) * **9** Parenting (7)
* **10** Cynnar (5) * **11** Sefydliad (12) * **14** Bwyta (3)
* **16** Spent (5) * **17** Tafarn (3) * **18** Yn Artistig (12)
* **21** Loose (5) * **22** Cups (7) * **23** Di-Glem (8)
* **24** Crying (4).

Down

1 Ar Ben Hynny (8) * **2** Peth (5) * **4** Ape (3)
* **5** Spectrosgop (12) * **6** Force (7) * **7** Charm (4)
* **8** Unintendedly (2,10) * **12** Torsythu (5)
* **13** Agrees (2,6) * **15** Terminated (7) * **19** Lleuad (5)
* **20** Brake (4) * **22** Nasty (3).

Rhif 96

Ar draws

1 Assembly (7) * **5** Sauna (5) * **8** Screwing (2,7) * **9** Sick (3) * **10** Ewythr (5) * **12** Yn Anwybyddu (7) * **13** Disincentive (13) * **15** Parenting (7) * **17** Property (5) * **19** Unless (3) * **20** Bureaucrat (9) * **22** Rhain (5) * **23** Old Man (3,4).

Down

1 Treasuring (5) * **2** Month (3) * **3** Meithrinfa (7) * **4** Inactivity (13) * **5** Llesmeirio (5) * **6** Ulcerous (9) * **7** Extrapolate (7) * **11** Gwybyddol (9) * **13** Maes Awyr (7) * **14** Gorwedd I Lawr (3,4) * **16** Nobl (5) * **18** Aml (5) * **21** Coch (3).

Rhif 97

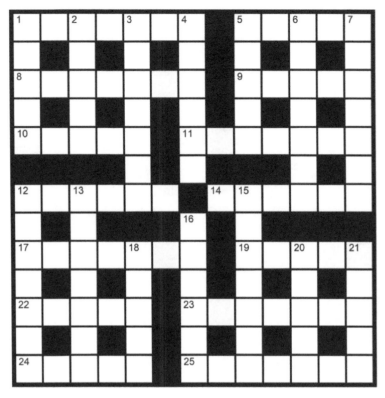

Ar draws

1 Sleepy (7) * **5** Goggles (5) * **8** Wcrain (7) * **9** Aiming (5)
* **10** Similar (5) * **11** Wedi'I Amgáu (7) * **12** Dies (2,4)
* **14** Fasnachir (6) * **17** Monitoring (7) * **19** Objective (5)
* **22** Enillion (5) * **23** Cyfarwydd (7) * **24** Rhengoedd (5)
* **25** Vespers (7).

Down

1 Crwst (5) * **2** Prysgwydd (5) * **3** Flamboyant (7)
* **4** Dyfnhau (6) * **5** Voracity (5) * **6** Dyfalodd (7)
* **7** Swnio (7) * **12** Smoker (7) * **13** Sôn (7)
* **15** Yn Rhwydd (7) * **16** Moral (6) * **18** Gorchwylion (5)
* **20** Spill (5) * **21** Aims (5).

Rhif 98

Ar draws

1 Remark (4) * **3** Fflapjac (8) * **9** Bwthyn (7)
* **10** Neilon (5) * **11** Anaddas (5) * **12** Llwm (6)
* **14** Cydlynu (6) * **16** Maestref (6) * **19** Dribbled (6)
* **21** Pluen (5) * **24** Rainbow (5) * **25** Masters (7)
* **26** Moleciwl (8) * **27** Train (4).

Down

1 Gryno (8) * **2** Turn (5) * **4** Thief (6) * **5** Ceiniogau (5)
* **6** Emit (7) * **7** Brenin (4) * **8** Gweinydd (6)
* **13** Obsessing (8) * **15** Niweidiol (7) * **17** Annheg (6)
* **18** Arferol (6) * **20** Syml (5) * **22** Wedi (5)
* **23** Ymddangos (4).

Rhif 99

Ar draws

7 Horizon (6) * **8** Chwifio (6) * **9** Rhaga (4) * **10** Sgwâr (8) * **11** Yn Rhwydd (7) * **13** Ffyrdd (5) * **15** Aeliau (5) * **16** Groceries (7) * **18** Ymddangos (8) * **19** Ewinedd (4) * **21** Palas (6) * **22** Cooler (6).

Down

1 Soffa (4) * **2** Hearings (13) * **3** Yn Agos (7) * **4** Author (5) * **5** Anghyffredin (13) * **6** Yn Gynwysedig (8) * **12** Ewropeaidd (8) * **14** Turned Down (7) * **17** Chemistry (5) * **20** Modfedd (4).

Rhif 100

Ar draws

7 Offthalmoleg (13) * **8** Dyrannu (8) * **9** Low (4)
* **10** Faces (7) * **12** Ffonio (5) * **14** Syniadau (5)
* **16** Cyclone (7) * **19** Dwfn (4) * **20** Farms (8)
* **22** Interconnect (5-8).

Down

1 Progeny (4) * **2** Anwesu (6) * **3** Salads (7) * **4** Within (5)
* **5** Moist (6) * **6** Polished (8) * **11** Struggle (8)
* **13** Gwrthdroi (7) * **15** Atodi (6) * **17** Camelod (6)
* **18** Torch (5) * **21** Dotiau (4).

Atebion 1

1→7 SNATCH, **8** COMMIT, **9** WEAR, **10** KINGDOMS, **11** ECHOING, **13** AFTER, **15** BATRI, **16** YCHYDIG, **18** LUMPIEST, **19** ACEN, **21** LOGIAU, **22** SGWTER. ↓ **1** KNEE, **2** STEREOGRAPHIC, **3** CHOKING, **4** Y CANT, **5** AMDDIFFYNADWY, **6** SIWMPERI, **12** CLASUROL, **14** ECSTASY, **17** VENUS, **20** EVER.

2→7 ANGHYFIAWNDER, **8** ESTIMATE, **9** LLIW, **10** REVIEWS, **12** CURRY, **14** PEACE, **16** FURIOUS, **19** MYRR, **20** PROJECTS, **22** UNILATERALISM. ↓·**1** ENDS, **2** RHEINI, **3** OFNADWY, **4** VASES, **5** ONGLAU, **6** WEDI CREU, **11** EVERYONE, **13** TUMOURS, **15** CIRCLE, **17** IDEALS, **18** SPOTS, **21** TASK.

3→7 AFFAIR, **8** YMYLON, **9** CORE, **10** DIATOMAU, **11** STOMACH, **13** OSGOI, **15** CYMAL, **17** EWINEDD, **20** BARBECIW, **21** BAIL, **22** GWELLA, **23** RHIANT. ↓ **1** EFFORT, **2** RATE, **3** PREDICT, **4** HYNAF, **5** PYROCSEN, **6** POTATO, **12** MEATBALL, **14** AWKWARD, **16** YFADWY, **18** DAIONI, **19** ACTAU, **21** BRIG.

4→7 SESNIN, **8** STREAK, **9** BWCI, **10** IRANIAID, **11** CAUTION, **13** PHOTO, **15** SGWRS, **17** HUMMING, **20** LLINIARU, **21** TART, **23** TOWERS, **24** BEREFT. ↓ **1** BEDW, **2** ENLIST, **3** YN FISOL, **4** USUAL, **5** ARAITH, **6** PACISTAN, **12** ANGYLION, **14** SUBURBS, **16** RANGES, **18** METERS, **19** CAUSE, **22** RAFT.

5→1 AMDO, **3** PROGRAMS, **9** RHAGENW, **10** AGENT, **11** CENEDLAETHOL, **13** TRAFOD, **15** UFFERN, **17** TRAITOROUSLY, **20** OUNCE, **21** WEDI CAU, **22** CYNGHORI, **23** CURO. ↓ **1** ATROCITY, **2** DRAIN, **4** REWRAP, **5** GWAITH FFORDD, **6** AWESOME, **7** SITE, **8** CERDDORIAETH, **12** YN CYFUNO, **14** AERONEN, **16** MORWYR, **18** SYCHU, **19** CORC.

6→1 SAMPLES, **5** THUMP, **8** ACCOMMODATION, **9** TWO, **10** SATURATED, **12** DIACON, **13** OPERÂU, **15** PREFERRED, **16** USE, **18** SUBCONTRACTOR, **20** TWEED, **21** YR EIDAL. ↓ **1** SHAFT, **2** MICROWAVEABLE, **3** LIMESTONE, **4** SPORTS, **5** TRA, **6** UNINTERRUPTED, **7** PENODAU, **11** REPUDIATE, **12** DEPOSIT, **14** PRETTY, **17** ENROL, **19** OED.

7→1 YNYS, **3** SEICOSIS, **9** YN BWYTA, **10** NIECE, **11** GWLYBANIAETH, **14** FUN, **16** RIGHT, **17** ASH, **18** TECHNOLOGIES, **21** TELYN, **22** BENEATH, **23** RESOLVES, **24** MYRR. ↓ **1** YN YSGAFN, **2** YMBIL, **4** ERA, **5** CONTACT POINT, **6** SBECTRA, **7** SEEN, **8** CYDBERTHYNOL, **12** NOGIO, **13** PHOSPHOR, **15** NEEDLES, **19** ITALY, **20** STAR, **22** BLE.

8→1 SMOTYN, **4** DERBYN, **9** GENERAL, **10** TENDR, **11** ROUTE, **12** YN ANAFU, **13** INSPIRATION, **18** CABANAU, **20** OTHER, **22** ADLIF, **23** DIGWYDD, **24** SADDLE, **25** ETHNIG. ↓ **1** SIGÂRS, **2** OFNAU, **3** YN RHEMP, **5** EXTRA, **6** BYNGALO, **7** NERFUS, **8** PLAYGROUNDS, **14** NIBBLED, **15** THOUGHT, **16** OCEANS, **17** AREDIG, **19** NEFOL, **21** HEYRN.

9→1 MUCH, **3** AGITATOR, **9** LLWYFAN, **10** AHEAD, **11** ARDDANGOSIAD, **14** DIM, **16** IMAGE, **17** ELI, **18** ACCUMULATING, **21** HYLAW, **22** EGLWYSI, **23** UNDERLAY, **24** BYTE. ↓ **1** MALLARDS, **2** CAWOD, **4** GÊN, **5** TRANSFERABLE, **6** TEENAGE, **7** REDO, **8** FFRAMIAU AWYR, **12** GWANU, **13** DISGUISE, **15** MACHLUD, **19** I FYNY, **20** THOU, **22** ERA.

10→1 FFWLBRI, **5** INCWM, **8** MARCHNATA, **9** FAN, **10** STAFF, **12** VIOLENT, **13** PHOTOGRAPHERS, **15** SPARKLE, **17** END UP, **19** MAI, **20** RETAILERS, **22** NOS DA, **23** YN GODRO. ↓ **1** FUMES, **2** WAR, **3** BIHAFIO, **4** INADVERTENTLY, **5** I DARO, **6** CYFLEOEDD, **7** MINUTES, **11** ANOMALIES, **13** POSTMEN, **14** PREYING, **16** KOREA, **18** PASIO, **21** END.

Atebion 2

11→1 SATISFY, **5** GARDD, **8** RHIANTA, **9** AROGL, **10** BYWYD, **11** WOUNDED, **12** TO HAUL, **14** AWYRWR, **17** MILOEDD, **19** YSTYR, **22** FIFTH, **23** TSIEINA, **24** TELYN, **25** RHEWLIF. ↓ **1** SCRUB, **2** TEIRW, **3** SONEDAU, **4** YFADWY, **5** GWADU, **6** RHODDWR, **7** DYLEDWR, **12** TWMFFAT, **13** HELPFUL, **15** WAYSIDE, **16** EDITOR, **18** EI HUN, **20** TRIAL, **21** RHAFF.

12→1 EARN, **3** CYSGODOL, **9** PREMIWM, **10** DENSE, **11** OPIWM, **12** REFUSE, **14** ELDEST, **16** HELGWN, **19** ALLTUD, **21** LIKED, **24** BONED, **25** RHYFELA, **26** Y ARLLWYS, **27** ADAR. ↓ **1** EXPLORER, **2** RHESI, **4** YN MARW, **5** GWDDF, **6** DINESIG, **7** LLEW, **8** LITMUS, **13** YN DDI-AIR, **15** DILYNWR, **17** EGLWYS, **18** ADARDY, **20** TADOL, **22** KNEAD, **23** OBEY.

13→7 FLORET, **8** THEORY, **9** CWAC, **10** ISFFYRDD, **11** HAPUSAF, **13** EDGES, **15** GRAIN, **16** SENARIO, **18** SPENDING, **19** UNIG, **21** PLURAL, **22** ADOPTS. ↓ **1** BLOW, **2** PRECAUTIONARY, **3** ETHICAL, **4** STUFF, **5** NEWYDDIADUROL, **6** PRYDLESI, **12** ABRUPTLY, **14** SEIGIAU, **17** KILLS, **20** INTO.

14→7 MASOCHISTAIDD, **8** YN BRYSUR, **9** TREF, **10** ICEBERG, **12** CRIST, **14** UNCLE, **16** APOSTOL, **19** CROW, **20** OBSTACLE, **22** PROBABILISTIC. ↓·**1** GAIN, **2** MODRYB, **3** RHESTRU, **4** USERS, **5** HATTER, **6** ADLEISIO, **11** CONTRARY, **13** APOSTLE, **15** LLWYBR, **17** SPARSE, **18** DOUBT, **21** LAID.

15→7 MOROCO, **8** TURTLE, **9** SLOT, **10** BEDROOMS, **11** MOPPING, **13** TABOO, **15** BARNS, **17** BEDTIME, **20** UNIONDEB, **21** WITH, **22** TYNDRA, **23** CHIEFS. ↓ **1** HOELIO, **2** TOST, **3** ROBBING, **4** STUDY, **5** ARROGANT, **6** PLYMIO, **12** PUNNOEDD, **14** SETBACK, **16** ANNWYL, **18** MOTIFF, **19** IDEAL, **21** WHIM.

16→7 DANISH, **8** TYRRAU, **9** COPA, **10** METHIANT, **11** TECHNEG, **13** MEATS, **15** OPIUM, **17** SYNONYM, **20** PORTRAIT, **21** BARN, **23** TENDIO, **24** METRIG. ↓ **1** TARO, **2** HIRACH, **3** CHAMBER, **4** STATE, **5** PRAISE, **6** MAINSTAY, **12** EMPLOYED, **14** SYSTEMS, **16** UNTIDY, **18** ORBITS, **19** GANOL, **22** RAIN.

17→1 ZEAL, **3** OPTIONAL, **9** MEASURE, **10** EITHR, **11** INTRODUCTION, **13** NOBODY, **15** PINSIO, **17** ICONOGRAPHIC, **20** TIGHT, **21** FFLAMAU, **22** DINOSAUR, **23** UNED. ↓ **1** ZAMBIANS, **2** ADAPT, **4** POENUS, **5** INEXTRICABLY, **6** NATIONS, **7** LARK, **8** SUBORDINATES, **12** GORCHUDD, **14** BACHGEN, **16** OGOFAU, **18** HUMAN, **19** STAD.

18→1 ENGAGED, **5** SLIMY, **8** DAEARYDDIAETH, **9** PET, **10** EDUCATION, **12** PRIODI, **13** RHEINI, **15** O'R UN ANIAN, **16** IAS, **18** PRECIPITATION, **20** RAFFL, **21** ERTHYGL. ↓ **1** END UP, **2** GWEITHIAU CELF, **3** GORDEWDRA, **4** DI-DDUW, **5** SKI, **6** INELIGIBILITY, **7** YN HONNI, **11** AMHENDANT, **12** PROSPER, **14** DIVIDE, **17** SENGL, **19** ILL.

19→1 LIFE, **3** PATRYMAU, **9** YMDRECH, **10** DENSE, **11** CAETHWEISION, **14** DUW, **16** DRIER, **17** DRY, **18** DISESTABLISH, **21** SPEED, **22** DETAILS, **23** DATBLYGU, **24** RHIF. ↓ **1** LLYNCODD, **2** FUDGE, **4** ASH, **5** REDISTRIBUTE, **6** MYNNODD, **7** USES, **8** IECHYD MEDDWL, **12** EVICT, **13** CYNHESAF, **15** WHITEST, **19** IAITH, **20** USED, **22** DEG.

20→1 COLOFN, **4** CERDDI, **9** ORDERLY, **10** DRUGS, **11** CAEAU, **12** NAPPIES, **13** CYFARTALEDD, **18** SCHOOLS, **20** OUTER, **22** WEDYN, **23** NOFELAU, **24** DI-GOST, **25** ERASED. ↓ **1** CHOICE, **2** LEDGE, **3** FORMULA, **5** END UP, **6** DEUAIDD, **7** INSIST, **8** HYPNOTISING, **14** YCHYDIG, **15** LOOK FOR, **16** YSGWYD, **17** AROUND, **19** OFNUS, **21** TALES.

Atebion 3

21 ➜ **1** EVIL, **3** RHIGYMAU, **9** GWNÏODD, **10** ANNOG, **11** DECOMPOSABLE, **14** ANY, **16** LAIRD, **17** BAW, **18** RHAGFLAENWYR, **21** TSIEC, **22** TRILOGY, **23** YN HOLLOL, **24** BELL. ⬇ **1** ESGIDIAU, **2** IONIC, **4** HUD, **5** GWAHARDDEDIG, **6** MANYLEB, **7** URGE, **8** COSMOLOGICAL, **12** ORIEL, **13** GWERSYLL, **15** YMHLITH, **19** WROTE, **20** STAY, **22** TWO.

22 ➜ **1** DROPPED, **5** ROAST, **8** ANSOLFEDD, **9** LLW, **10** LLOGI, **12** OERGELL, **13** YN GWASANAETHU, **15** ANNYNOL, **17** YOUNG, **19** BAS, **20** SBIGOGLYS, **22** DI-RAS, **23** GLYNWYD. ⬇ **1** DEALL, **2** OES, **3** PÊL EIRA, **4** YN ADDYSGIADOL, **5** RIDER, **6** AILWERTHU, **7** TYWYLLU, **11** ORGANISER, **13** YN ARBED, **14** ANYBODY, **16** NOSES, **18** GOSOD, **21** LOW.

23 ➜ **1** ARUCHEL, **5** ALGAE, **8** RECORDS, **9** OLIVE, **10** WHEEL, **11** REGULAR, **12** ACCESS, **14** DEUNAW, **17** YN TROSI, **19** ARFOG, **22** I DARO, **23** AWGRYMU, **24** DAEAR, **25** MYFYRIO. ⬇ **1** AMRYW, **2** UNCLE, **3** HURDLES, **4** LOSERS, **5** AMONG, **6** GWIALEN, **7** EYEBROW, **12** ATYNIAD, **13** COTTAGE, **15** EHANGAF, **16** DISARM, **18** ODOUR, **20** FOYER, **21** GLUDO.

24 ➜ **1** CWCW, **3** DAYDREAM, **9** DECIMAL, **10** PLAEN, **11** DRANK, **12** YMHOLI, **14** EPLESU, **16** RUSSIA, **19** CRYFAF, **21** LOBIO, **24** INCWM, **25** INCOMER, **26** EGLURDER, **27** WORD. ⬇ **1** CYDODDEF, **2** COCOA, **4** AELWYD, **5** DEPTH, **6** ENABLES, **7** MENU, **8** SMOKES, **13** FAVOURED, **15** LYRICAL, **17** UNLOCK, **18** OFFICE, **20** FEMUR, **22** BOMIO, **23** PILE.

25 ➜ **7** ADULTS, **8** EQUALS, **9** MALU, **10** ELFENNOL, **11** DISTANT, **13** CRAIR, **15** CULAF, **16** GARBAGE, **18** UNLIKELY, **19** LARK, **21** WALNUT, **22** ACTING. ⬇ **1** IDEA, **2** ILLUSTRATIONS, **3** TSIEINA, **4** GENFA, **5** VULNERABILITY, **6** FLOORING, **12** IEUENGAF, **14** LARYMAU, **17** BEATS, **20** RINK.

26 ➜ **7** PROBABILISTIC, **8** CYFEIRIO, **9** OCHR, **10** CARTIAU, **12** DIARY, **14** PRIME, **16** MODWLWS, **19** I GYD, **20** WETLANDS, **22** YN GWRTHSEFYLL. ⬇ **1** GRAY, **2** OBJECT, **3** I BARHAU, **4** ALLOW, **5** YSGOGI, **6** WITHDRAW, **11** ARROGANT, **13** CONTEST, **15** MEDDWL, **17** WHARFS, **18** SWITS, **21** DOLL.

27 ➜ **7** CRONFA, **8** PEOPLE, **9** OSGO, **10** DREAMING, **11** WATCHED, **13** ODDLY, **15** HERIO, **17** LULLABY, **20** AIRCRAFT, **21** GYNT, **22** COLDER, **23** CHAIRS. ⬇ **1** DRYSFA, **2** UNDO, **3** CANDLES, **4** SPEED, **5** GORMODOL, **6** LLINOL, **12** COINCIDE, **14** JUSTICE, **16** EDITOR, **18** BINARY, **19** BATRI, **21** GLAS.

28 ➜ **7** CANGEN, **8** EIRIOL, **9** GYNT, **10** ASSIGNED, **11** SPIRITS, **13** ENROL, **15** TORRI, **17** UNLUCKY, **20** DOSBARTH, **21** STEP, **23** BAKERY, **24** MOTIVE. ⬇ **1** VARY, **2** SGWTER, **3** YN GAETH, **4** GEESE, **5** ORIGIN, **6** NOTEBOOK, **12** PROTONAU, **14** YN RHEMP, **16** ROBBER, **18** UPSETS, **19** TRWYN, **22** ENVY.

29 ➜ **1** AWYR, **3** TROPICAL, **9** DEHEUOL, **10** ROCKY, **11** CONTACT POINT, **13** EASILY, **15** SIMNAI, **17** LOUDSPEAKERS, **20** SIASI, **21** EGLWYSI, **22** DREADFUL, **23** ADDS. ⬇ **1** ADDICTED, **2** YMHEN, **4** RELATE, **5** PERIODICALLY, **6** CACYNEN, **7** LLYN, **8** HUNANLADDIAD, **12** KINSHIPS, **14** STORAGE, **16** EPLESU, **18** EFYDD, **19** ISOD.

30 ➜ **1** RESPECT, **5** PRYNU, **8** UNFORESEEABLE, **9** LLO, **10** PROSTADAU, **12** SIARAD, **13** UNIGOL, **15** BRIMSTONE, **16** GOT, **18** ANGHYSYLLTIOL, **20** SWYNO, **21** DIODDEF. ⬇ **1** RHUGL, **2** SUFFOCATINGLY, **3** EUROPEANS, **4** TO STOP, **5** PIE, **6** YN BEDAGOGAIDD, **7** UNEQUAL, **11** TANSEILIO, **12** SUBWAYS, **14** LONYDD, **17** TALAF, **19** YNO.

Atebion 4

31 ➜ **1** ALAW, **3** MEISTRES, **9** TIDINGS, **10** BWYTA, **11** VISIBILITIES, **14** TAD, **16** ADORN, **17** ANY, **18** MEWNLIFIADAU, **21** SCRUB, **22** RETIRED, **23** SIGLENNI, **24** BULB. ⬇ **1** ACTIVITY, **2** ADDAS, **4** ERS, **5** SUBSTANTIATE, **6** RHYFELA, **7** SWAM, **8** UNOBTAINABLE, **12** LLOGI, **13** CYTUNDEB, **15** DAEAREG, **19** DYRNU, **20** USES, **22** RAN.

32 ➜ **1** BEREFT, **4** LONYDD, **9** APPEASE, **10** IMAGE, **11** DISCO, **12** IDEOLEG, **13** QUARRELLING, **18** RHEDWCH, **20** Y DDAU, **22** TEULU, **23** ANWYTHO, **24** SOLIDS, **25** ERASED. ⬇ **1** BOARDS, **2** ROPES, **3** FLAVOUR, **5** OLIVE, **6** YN AFLAN, **7** DREWGI, **8** WEDI DECHRAU, **14** UNEQUAL, **15** LLYSWYR, **16** GRATIS, **17** CURODD, **19** WOUND, **21** DATES.

33 ➜ **1** CANE, **3** GWEFUSAU, **9** STRAYER, **10** IARLL, **11** INDENTATIONS, **14** ICE, **16** LEGAL, **17** SEE, **18** SPECTROGRAFF, **21** KOREA, **22** PUDDING, **23** MERCWRIC, **24** BEEN. ⬇ **1** CYSEINIO, **2** NARAD, **4** WAR, **5** FFISIOLEGYDD, **6** STRINGS, **7** UGLY, **8** CYNNAL A CHADW, **12** ANGER, **13** CENFIGEN, **15** EMPEROR, **19** ASIDE, **20** SKIM, **22** PEI.

34 ➜ **1** MYNEGAI, **5** MAGIC, **8** YN DDIOFAL, **9** RIM, **10** EFYDD, **12** RESULTS, **13** ANTURIAETHWYR, **15** SGWTERI, **17** MINOR, **19** GOT, **20** DIGALONNI, **22** ODOUR, **23** YN SETLO. ⬇ **1** MAYBE, **2** NÔD, **3** GRINDER, **4** INFURIATINGLY, **5** MILLS, **6** GORLLEWIN, **7** CYMESUR, **11** YN TRWYTHO, **13** ARSUGNO, **14** TEMPLES, **16** ELDER, **18** RHIFO, **21** NET.

35 ➜ **1** COPIOUS, **5** RARER, **8** ENGRAVE, **9** SOLVE, **10** PLUOG, **11** EXACTLY, **12** PUNISH, **14** TUEDDU, **17** POB DYDD, **19** WINGS, **22** RULED, **23** PRIESTS, **24** UNDOD, **25** SCHOLAR. ⬇ **1** CHEAP, **2** PIGAU, **3** ORANGES, **4** SWEDEN, **5** RWSIA, **6** RELATED, **7** RHESYMU, **12** PAPURAU, **13** NIBBLED, **15** UNWAITH, **16** ADAPTS, **18** YN DOD, **20** NASAL, **21** SOSER.

36 ➜ **1** FADE, **3** DYFRLLIW, **9** YN BWYTA, **10** TENDR, **11** DITCH, **12** ADOPTS, **14** ONIONS, **16** BEASTS, **19** GERMAN, **21** TASTE, **24** USING, **25** UPRIGHT, **26** TAKE CARE, **27** COCO. ⬇ **1** FFYDDLON, **2** DEBIT, **4** YMATAL, **5** RATIO, **6** LENGTHS, **7** WARD, **8** DYCHAN, **13** ISDEITLO, **15** ICE RINK, **17** ENTIRE, **18** YN-FUDR, **20** MAGIC, **22** SUGNO, **23** HUNT.

37 ➜ **7** SECOND, **8** TYNDRA, **9** REAP, **10** TADPOLES, **11** MONITRO, **13** UTTER, **15** OTHER, **16** GORNEST, **18** OINTMENT, **19** TWYN, **21** PETRIS, **22** WALLET. ⬇ **1** FETE, **2** COMPLIMENTARY, **3** EDITORS, **4** STUDY, **5** UNFORTUNATELY, **6** FREEZERS, **12** OUTLINES, **14** ROSTRWM, **17** SENSE, **20** YFED.

38 ➜ **7** NUTRITIONALLY, **8** CRITERIA, **9** PENS, **10** STIGMAS, **12** RELAX, **14** FFAGL, **16** CEFNDER, **19** HELA, **20** FUNNIEST, **22** YN ADDYSGIADOL. ⬇ **1** BUDR, **2** ARCTIG, **3** ETERNAL, **4** GOFAL, **5** SAMPLE, **6** ELONGATE, **11** TAFLENNI, **13** TEENAGE, **15** GWAEDU, **17** NEISAF, **18** FFLYD, **21** SHOW.

39 ➜ **7** DRYSFA, **8** TRYING, **9** LLES, **10** TRYCHFIL, **11** ARDDWRN, **13** UNBEN, **15** SPADE, **17** RHESYMU, **20** TAKE PART, **21** MAWR, **22** YSTLUM, **23** METHOD. ⬇ **1** DROLER, **2** USES, **3** PASTURE, **4** STAYS, **5** CYNHANES, **6** ONLINE, **12** DADREOLI, **14** RHYTHMS, **16** PRAISE, **18** MEWNOL, **19** FARMS, **21** MATE.

40 ➜ **7** GAFAEL, **8** LEANED, **9** WEDI, **10** SENSIBLE, **11** BARGAIN, **13** RURAL, **15** SWEPT, **17** YN AMLWG, **20** FEL ARFER, **21** THOU, **23** CAUSED, **24** CARTHU. ⬇ **1** RAPE, **2** DAZING, **3** PLASTIC, **4** CLING, **5** JAMIAU, **6** PENLLANW, **12** ARWRESAU, **14** ANORACS, **16** PRAISE, **18** MOTORS, **19** EFYDD, **22** OCHR.

Atebion 5

41→1 LOSS, **3** EMBATTLE, **9** YN ANAFU, **10** VINES, **11** CAMDDEHONGLI, **13** DISGOS, **15** CASUAL, **17** ANNOUNCEMENT, **20** RHESI, **21** RHUTHRO, **22** MAESTREF, **23** LLWM. ↓ **1** LLYNCODD, **2** SWARM, **4** MOUTHS, **5** ADVANTAGEOUS, **6** TWNELAU, **7** EASE, **8** CARDIOLOGIST, **12** PLATFORM, **14** SINCERE, **16** UNTRUE, **18** ECHEL, **19** CRWM.

42→1 RECEIPT, **5** ESTYN, **8** CYNGHREIRIAID, **9** SHY, **10** MORTGAGED, **12** BEHIND, **13** METRIG, **15** ANONYMOUS, **16** LÔN, **18** CHWISTRELLWYD, **20** DIRTY, **21** DRAENEN. ↓ **1** RACES, **2** CYNRYCHIOLWYR, **3** INHUMANLY, **4** THEORY, **5** EAR, **6** TUA'R GORLLEWIN, **7** NODEDIG, **11** GWERSYLLA, **12** BLANCED, **14** POURED, **17** NODYN, **19** SPY.

43→1 DONE, **3** MOUTHFUL, **9** CHWILEN, **10** SWOON, **11** PHYSIOLOGIST, **14** ERS, **16** TRADE, **17** MÔR, **18** MARCHNADOEDD, **21** GWELL, **22** LLOSGWR, **23** FFIGYSEN, **24** ASYN. ↓ **1** DECIPHER, **2** NEWLY, **4** OEN, **5** INTEGREIDDIO, **6** FLOTSAM, **7** LANE, **8** ELLIPTICALLY, **12** LLAFN, **13** PRYDERON, **15** SIACEDI, **19** ESGUS, **20** OGOF, **22** LLE.

44→1 LLWYBR, **4** CHAPEL, **9** GWLADFA, **10** DIGIT, **11** TODDI, **12** CORONAU, **13** EFFECTIVELY, **18** SWALLOW, **20** SYDYN, **22** EXILE, **23** RIBOSOM, **24** TYNDRA, **25** PENSIL. ↓ **1** LIGHTS, **2** WALED, **3** BEDTIME, **5** HYDER, **6** PEGYNOL, **7** LITMUS, **8** WATCHTOWERS, **14** FFASIWN, **15** VISIBLE, **16** ASSERT, **17** YN YMYL, **19** LLEDR, **21** DISKS.

45→1 RAGE, **3** CALENDAR, **9** FFESANT, **10** BREUO, **11** GWERSYLLOEDD, **14** EOG, **16** NAKED, **17** DRY, **18** PYSGOD CREGYN, **21** LLWYN, **22** GUESSED, **23** FFREUTUR, **24** ISEL. ↓ **1** REFUGEES, **2** GEESE, **4** ART, **5** EMBROIDERIES, **6** DREADED, **7** RHOI, **8** CARSINOGENAU, **12** LIKED, **13** CYFNODOL, **15** GWYLWYR, **19** GASES, **20** CLAF, **22** GAU.

46→1 MYNEDFA, **5** BWCED, **8** YN DDIOGEL, **9** OES, **10** RHODD, **12** YN HAFAL, **13** VULNERABILITY, **15** YMGOLLI, **17** ELIAS, **19** GOD, **20** MIDDLE AGE, **22** SIGNS, **23** YMGYRCH. ↓ **1** MAYOR, **2** NOD, **3** DWINDLE, **4** ANGHYNALIADWY, **5** BWLCH, **6** CLOGFEINI, **7** DISPLAY, **11** OBLYGEDIG, **13** VOYAGES, **14** IDEOLEG, **16** LIMBS, **18** SAETH, **21** AUR.

47→1 CUDDLIW, **5** AWARD, **8** FILLERS, **9** HEARD, **10** BOWLS, **11** EXPENSE, **12** YN CNOI, **14** SHADED, **17** CADMIWM, **19** MUDOL, **22** STYLE, **23** TETANUS, **24** UNITS, **25** BACHGEN. ↓ **1** COFEB, **2** DILYW, **3** LLEISIO, **4** WASTED, **5** AR HAP, **6** ATALNOD, **7** DIDUEDD, **12** YN CASÁU, **13** CADWYNI, **15** HAMITIC, **16** YMATEB, **18** ITEMS, **20** DANEG, **21** LOSIN.

48→1 ARNA, **3** PERFORMS, **9** ASSURED, **10** FLOOR, **11** LLANW, **12** SWYDDI, **14** YN CADW, **16** WHARFS, **19** ARDOLL, **21** WOODY, **24** HANDI, **25** YN ANFON, **26** DECEMBER, **27** AR ÔL.↓ **1** ANADLWYR, **2** NOS DA, **4** ELDEST, **5** FIFTY, **6** RHODDWR, **7** SPRY, **8** ARSWYD, **13** ESGYNNOL, **15** CHRONIC, **17** HAWSAF, **18** LLWY DE, **20** ODIUM, **22** OFFER, **23** RHAD.

49→7 YN CRIO, **8** HAENAU, **9** USES, **10** THEORÏAU, **11** PELLACH, **13** IMPIO, **15** TICIO, **16** BURNING, **18** MEMORIAL, **19** ACTS, **21** JIWDAS, **22** TALWYD. ↓ **1** INKS, **2** YR ISELDIROEDD, **3** CONTACT, **4** SHEET, **5** DETRIMENTALLY, **6** TAXATION, **12** EPIDEMIG, **14** DUALITY, **17** FIRST, **20** TWYN.

50→7 AILYMGNAWDOLI, **8** SAER COED, **9** GRYM, **10** LLEFAIN, **12** RUGBY, **14** LASTS, **16** SHADOWS, **19** KNEE, **20** ENVELOPE, **22** ANGHYMERADWYO. ↓ **1** DIFA, **2** CYFRIF, **3** EGSOTIG, **4** GARDD, **5** ADEGAU, **6** GLÖYN BYW, **11** LEARNING, **13** SHIVERS, **15** TRECHU, **17** DELUDE, **18** SEEMS, **21** PRYF.

Atebion 6

51 ➔ **7** EIDDIL, **8** WAXING, **9** FETE, **10** YN LLENWI, **11** MYSTERY, **13** SMEAR, **15** TWIST, **16** CYNNULL, **18** DRAMATIC, **19** TIME, **21** GYNNAU, **22** AGREED. ⬇ **1** HIKE, **2** ADVERTISEMENT, **3** PLAYERS, **4** SWLLT, **5** EXTERMINATORS, **6** SNOWBALL, **12** YSWIRWYR, **14** PYNCIAU, **17** STRUT, **20** MAES.

52 ➔ **7** MICROWAVEABLE, **8** AGITATOR, **9** FAME, **10** CLOCIAU, **12** FUNNY, **14** FFILM, **16** BEQUEST, **19** OBEY, **20** ESGUSODI, **22** RADIOGRAFFWYR. ⬇ **1** KING, **2** ARCTIC, **3** PWYTHAU, **4** EVERY, **5** BARFAU, **6** ELEMENTS, **11** LIFEBOAT, **13** BELGIAN, **15** LLYWIO, **17** UNSAFE, **18** LEDGE, **21** DWYS.

53 ➔ **7** EILLIO, **8** ELEVEN, **9** KING, **10** LIFETIME, **11** SUCCESS, **13** CLOUD, **15** OPENS, **17** GUESSED, **20** EPIDEMIC, **21** CHEW, **22** DAMAGE, **23** STOPIO. ⬇ **1** CICIAU, **2** FLOG, **3** JOYLESS, **4** NERFI, **5** REPTILES, **6** GERMAU, **12** CANADIAN, **14** OUTCAST, **16** POPTAI, **18** EMETIC, **19** AMGEN, **21** CROW.

54 ➔ **7** REMAIN, **8** PAFFIO, **9** CHIP, **10** OPTIONAL, **11** AMGAEAD, **13** ADMIT, **15** AMLEN, **17** TERFYNU, **20** PROSPECT, **21** REAP, **23** YN DYNN, **24** RESELL. ⬇ **1** TETH, **2** CAMPFA, **3** ENW OLAF, **4** SPOTS, **5** AFFORD, **6** DILATION, **12** MEMBRANE, **14** HECTARE, **16** ESSAYS, **18** FOREST, **19** BEING, **22** ALLY.

55 ➔ **1** CUBE, **3** LOCATION, **9** AMUSING, **10** LOCED, **11** POSTGRADUATE, **13** ARHOLI, **15** ADERYN, **17** NIGHTCLOTHES, **20** NOTED, **21** RADIATE, **22** HYSBYSEB, **23** USED. ⬇ **1** CLAMPIAU, **2** BOUTS, **4** ONGLAU, **5** AIL-FUDDSODDI, **6** INCITER, **7** NODI, **8** AILGYLCHADWY, **12** YNYSOEDD, **14** HEINTUS, **16** SCARCE, **18** HEADS, **19** INCH.

56 ➔ **1** VESPERS, **5** SWPER, **8** SUBCOMMITTEES, **9** TWO, **10** EDAFEDDOG, **12** HETIWR, **13** VIDEOS, **15** STAIRCASE, **16** SÔN, **18** ANTICIPATIONS, **20** DYRNU, **21** NWYDDAU. ⬇ **1** VISIT, **2** SUBCONTRACTOR, **3** ECOLEGWYR, **4** SYMIAU, **5** SET, **6** PLEIDLEISIODD, **7** RESIGNS, **11** EVIDENTLY, **12** HUSBAND, **14** HAPPEN, **17** NESÁU, **19** CAU.

57 ➔ **1** GAPE, **3** MERCHANT, **9** READAPT, **10** RISES, **11** CYFRIFIADURO, **14** EEL, **16** AMLWG, **17** ASH, **18** WEDI BWRW GLAW, **21** AWARE, **22** NODDWYR, **23** CYNGHORI, **24** UNED. ⬇ **1** GORUCHEL, **2** PRAWF, **4** EAT, **5** CAREDIGRWYDD, **6** AUSTRIA, **7** TOST, **8** CANIBALIAETH, **12** ISLAW, **13** RHYWBRYD, **15** LLEFAIN, **19** LLWYN, **20** BANC, **22** NOR.

58 ➔ **1** ACCEPT, **4** USEFUL, **9** CYCLONE, **10** SHADY, **11** MWNCI, **12** MEISTRI, **13** MALEVOLENCE, **18** CILGANT, **20** BEECH, **22** AMRWD, **23** NOETHAU, **24** SQUASH, **25** PSALMS. ⬇ **1** ALCEMI, **2** CWCWN, **3** PROMISE, **5** SUSHI, **6** FRANTIC, **7** LLYWIO, **8** REIMPORTING, **14** ALLYRRU, **15** EMBLEMS, **16** OCEANS, **17** SHRUBS, **19** ADDAS, **21** ECHEL.

59 ➔ **1** YFWR, **3** CONFUSED, **9** GORSEDD, **10** NAMES, **11** METHDALIADAU, **14** YES, **16** FENCE, **17** YOU, **18** RHAGOSODEDIG, **21** SALVE, **22** EDITORS, **23** FOREHEAD, **24** INKS. ⬇ **1** YMGYMRYD, **2** WORST, **4** OED, **5** FANDALEIDDIO, **6** SUMMARY, **7** DUSK, **8** PENDEFIGAETH, **12** LONGS, **13** SUGGESTS, **15** SCHOLAR, **19** DROWN, **20** ISAF, **22** EPA.

60 ➔ **1** DYNAMIC, **5** INCWM, **8** MIDDLEMEN, **9** NAW, **10** STARS, **12** FURNACE, **13** AR GYFARTALEDD, **15** DAEARGI, **17** HIRAF, **19** RED, **20** YN DIBYNNU, **22** SLASH, **23** UKRAINE. ⬇ **1** DOMES, **2** NOD, **3** MELYSAF, **4** CAMFFURFIADAU, **5** INNER, **6** CANIATEIR, **7** MAWREDD, **11** AMGUEDDFA, **13** AWDURES, **14** ACHUBWR, **16** RHYCH, **18** FLUTE, **21** NAI.

Atebion 7

61→1 CACYNEN, **5** POETH, **8** CYMYDOG, **9** ALPHA, **10** SILKY, **11** TALAITH, **12** DIWEDD, **14** BLASYN, **17** CYDLYNU, **19** WATCH, **22** INCWM, **23** DYDD SUL, **24** STUDY, **25** YN ONEST. ↓**1** CWCIS, **2** CWMWL, **3** NODWYDD, **4** NIGHTS, **5** PEARL, **6** EMPTIES, **7** HEATHEN, **12** DECEITS, **13** WEDI CAU, **15** LLWYDDO, **16** SUNDAY, **18** YUMMY, **20** TASTE, **21** HALLT.

62→1 HIDE, **3** TOWNSHIP, **9** CLASSIC, **10** RYGBI, **11** ADFER, **12** PRIORS, **14** ALMOND, **16** FISHED, **19** WRITHE, **21** NAMAU, **24** ALLAN, **25** PORTION, **26** CRYNODEB, **27** STÔL. ↓**1** HECTARAU, **2** DWARF, **4** OCCUPY, **5** NERFI, **6** HYGYRCH, **7** PRIS, **8** ESTRON, **13** ADDURNOL, **15** MORALLY, **17** IGNORE, **18** TEMPLE, **20** TANIO, **22** MOIST, **23** PARC.

63→7 YN CNOI, **8** TYLINO, **9** WEDI, **10** LEGACIES, **11** PUMPING, **13** AFANC, **15** SCENT, **16** LIE DOWN, **18** GREATEST, **19** IDEA, **21** ADULTS, **22** LINEAR. ↓**1** KNEE, **2** INDISPENSABLE, **3** KILLING, **4** STAGE, **5** LLECHFEDDIANT, **6** UN DEG NAW, **12** UWCHRADD, **14** FISTULA, **17** DENSE, **20** EDAU.

64→7 ANRHEITHIEDIG, **8** PWYNTIAU, **9** ECHO, **10** CASINEB, **12** SILFF, **14** SCOFF, **16** PENCILS, **19** ISEL, **20** SILKLIKE, **22** ORGANIZATIONS. ↓**1** SNOW, **2** RHENTI, **3** LIMITED, **4** SHOUT, **5** HERESI, **6** EITHAFOL, **11** ACCUSERS, **13** SEILIAU, **15** FILIAL, **17** CALSIT, **18** ESGID, **21** KIND.

65→7 JEWISH, **8** EXEMPT, **9** LLOI, **10** YNGANIAD, **11** ADDFWYN, **13** SENSE, **15** ENJOY, **17** RIOTERS, **20** CATEGORI, **21** SGAN, **22** SLEEVE, **23** ARWROL. ↓**1** YELLED, **2** DI-RI, **3** RHWYMYN, **4** WEIGH, **5** REINVEST, **6** SPEAKS, **12** FLOWERED, **14** SIMILAR, **16** NEARLY, **18** REASON, **19** MOVER, **21** SIWT.

66→7 HERNIA, **8** AWENAU, **9** IESU, **10** AMHOSIBL, **11** IDIOMAU, **13** TRULY, **15** YNYSU, **17** CREVICE, **20** MODFEDDI, **21** NEAT, **23** POETIC, **24** ALCEMI. ↓**1** GELE, **2** YN CURO, **3** SALADAU, **4** BATHE, **5** SENSOR, **6** CARBOLIC, **12** DANGOSOL, **14** PREIFAT, **16** SAFETY, **18** VENICE, **19** EDICT, **22** ARMS.

67→1 REIS, **3** OPTIMISM, **9** SLAES ÔL, **10** CIPIO, **11** TROPOSPHERIC, **13** LLETHR, **15** ISOTOP, **17** WEDI'I GYNHESU, **20** HANDI, **21** WILLING, **22** GOODNESS, **23** REDS. ↓**1** RESETTLE, **2** I DARO, **4** POLYPS, **5** INCREASINGLY, **6** IMPRINT, **7** MOOR, **8** YSGOLHEIGION, **12** UPSURGES, **14** ENEINIO, **16** EGLWYS, **18** EXILE, **19** THUG.

68→1 FFWLBRI, **5** DIANC, **8** YN DDIYMHONGAR, **9** CIC, **10** SYNHWYRAU, **12** SYMBOL, **13** ASSERT, **15** AWYRENNWR, **16** AID, **18** THREATENINGLY, **20** DIDOR, **21** ADDURNO. ↓**1** FFYRC, **2** WEDI CAMGYMRYD, **3** BRIMSTONE, **4** IMMUNE, **5** DRO, **6** ANGHROESAWGAR, **7** CORRUPT, **11** WLSERAIDD, **12** SLATTED, **14** ANTENA, **17** DWYLO, **19** AWR.

69→1 BILL, **3** INVENTED, **9** COCONUT, **10** PARKS, **11** CYLCHDROADAU, **14** EAT, **16** FAUNA, **17** SIR, **18** GWARCHEIDWAD, **21** RUSTY, **22** PENNIES, **23** YN GADARN, **24** HEEL. ↓**1** BICYCLES, **2** LOCAL, **4** NET, **5** EXPLANATIONS, **6** THREADS, **7** DESK, **8** ANGHYFARWYDD, **12** ROUGH, **13** URDDASOL, **15** TYWYSOG, **19** WRITE, **20** ARMY, **22** PUR.

70→1 LLWYBR, **4** BRUTAL, **9** FALSELY, **10** LAWNT, **11** NASTY, **12** RECITES, **13** HYPHENATION, **18** TRAFFIC, **20** I FYNY, **22** GOFYN, **23** ARIANOL, **24** STREET, **25** NURSED. ↓**1** LAFANT, **2** WALES, **3** BRESYCH, **5** RELIC, **6** TRWYTHO, **7** LATEST, **8** CYFRINACHAU, **14** YMARFER, **15** TRICIAU, **16** STAGES, **17** CYCLED, **19** FENCE, **21** YN NES.

Atebion 8

71 ➡ **1** FFAU, **3** PABYDDOL, **9** ADDAWOL, **10** MEFUS, **11** REDISTRIBUTE, **14** OAK, **16** NOISY, **17** ATE, **18** REDEPOSITION, **21** LEECH, **22** DIDDANU, **23** COSTUMES, **24** ECHO. ⬇ **1** FFAFRIOL, **2** ADDED, **4** AML, **5** YN MABWYSIADU, **6** DIFETHA, **7** LOSE, **8** GWASANAETHAU, **12** RHIFO, **13** MEWNFUDO, **15** KEEPERS, **19** IFANC, **20** BLOC, **22** DYE.

72 ➡ **1** MELODIC, **5** RHAGA, **8** MEWNLIFAU, **9** WET, **10** SBAEN, **12** OCEANIC, **13** MICROWAVEABLE, **15** EYEBROW, **17** HYLAW, **19** HUE, **20** TREMBLING, **22** SWYNO, **23** DETECTS. ⬇ **1** MIMES, **2** LOW, **3** DYLUNIO, **4** CYFLOGADWYEDD, **5** ROUTE, **6** ARWYNEBOL, **7** ARTICLE, **11** ARCHENEMY, **13** MOETHUS, **14** EXHIBIT, **16** RATIO, **18** WAGES, **21** INC.

73 ➡ **1** SECURED, **5** MERRY, **8** EDITORS, **9** TROOP, **10** PYPED, **11** REFUELS, **12** LLYGRU, **14** TRWSIO, **17** GETAWAY, **19** ANTUR, **22** COFFI, **23** LEAVING, **24** LAUGH, **25** MUTATED. ⬇ **1** SLEEP, **2** CHIRP, **3** RHODDWR, **4** DESERT, **5** MOTIF, **6** RIOTERS, **7** YN PASIO, **12** LOGICAL, **13** YN TAFLU, **15** READAPT, **16** CYFLYM, **18** WHICH, **20** TRIST, **21** RIGID.

74 ➡ **1** EATS, **3** TELESGOP, **9** FIG LEAF, **10** SAWNA, **11** RANKS, **12** GWYLIO, **14** EASILY, **16** SCOUTS, **19** FUTURE, **21** DIARY, **24** SOFFA, **25** AMLENNI, **26** FFRANGEG, **27** MYND. ⬇ **1** ENFORCES, **2** TEGAN, **4** EFFIGY, **5** ESSAY, **6** GRWPIAU, **7** PLAY, **8** PENSIL, **13** YSTYRIED, **15** STUFFER, **17** CUDDLE, **18** FEMALE, **20** UGAIN, **22** ANNOY, **23** ISAF.

75 ➡ **7** ALLIES, **8** GWERSI, **9** SICR, **10** ANWASTAD, **11** CERDDED, **13** OTHER, **15** NURSE, **16** SWIFTLY, **18** MALWODEN, **19** WYTH, **21** NEEDLE, **22** DI-DDIM. ⬇ **1** CLAI, **2** SIARADUSRWYDD, **3** ESCAPED, **4** SGÏWR, **5** SENSITIFRWYDD, **6** YSTAFELL, **12** EDUCATED, **14** CWYNODD, **17** ADDED, **20** THIS.

76 ➡ **7** CEINLYTHRENNU, **8** HYRWYDDO, **9** TRUE, **10** I BARHAU, **12** EGWYL, **14** ADORN, **16** FULFILS, **19** COSB, **20** ADVOCATE, **22** TALKATIVENESS. ⬇ **1** RELY, **2** ANSWER, **3** BYRDDAU, **4** THROW, **5** PEPTIG, **6** CNAU CYLL, **11** BADDONAU, **13** SURVIVE, **15** REBUKE, **17** FACING, **18** PARTS, **21** TEST.

77 ➡ **7** ALPINE, **8** HELGWN, **9** POOL, **10** GROUPING, **11** MISSING, **13** FIRST, **15** TRUTH, **17** GINGERS, **20** PENLLANW, **21** LEVY, **22** WOUNDS, **23** SLEEVE. ⬇ **1** LLEOLI, **2** MIWL, **3** MERGING, **4** RHEOL, **5** CLAPPING, **6** SWINGS, **12** SETTLING, **14** DIRWEST, **16** RHESOG, **18** REVIVE, **19** CAUSE, **21** LLEW.

78 ➡ **7** CREOLE, **8** LLWYNI, **9** ASYN, **10** ACHOSWYD, **11** GYRRODD, **13** YFODD, **15** SLICE, **17** SUBURBS, **20** LIPSTICK, **21** BEDS, **23** BUDRON, **24** EIRONI. ⬇ **1** GRAS, **2** SOONER, **3** DEUAIDD, **4** ALPHA, **5** DWYSAF, **6** ANWYLDEB, **12** YN LLIDUS, **14** LUCKIER, **16** CYSURO, **18** UNBARS, **19** DIANC, **22** DANT.

79 ➡ **1** CHEF, **3** UPSURGES, **9** POTHELL, **10** ADAIN, **11** CONSTIPATION, **13** THEORI, **15** PARDON, **17** OUTSTRETCHED, **20** BATRI, **21** SEVENTY, **22** YMRESTRU, **23** ISOD. ⬇ **1** CAPACITY, **2** ESTYN, **4** POLYPS, **5** UNATTRACTIVE, **6** GLASOED, **7** SUNK, **8** LECTURESHIPS, **12** ANADLYDD, **14** EQUATOR, **16** GROSER, **18** HANGS, **19** OBEY.

80 ➡ **1** CYCHWYN, **5** MORON, **8** O BRYD I'W GILYDD, **9** NAI, **10** IDEOLEGOL, **12** ROUTES, **13** AGREED, **15** CIG EIDION, **16** TÎM, **18** PARTICIPATIVE, **20** STORY, **21** EWYLLYS. ⬇ **1** CROWN, **2** CARDIAU SGORIO, **3** WEDI'I OERI, **4** NAWFED, **5** MAI, **6** RHYNGWEITHIOL, **7** NODULED, **11** LEGENDARY, **12** RECIPES, **14** DIVIDE, **17** MEETS, **19** ICY.

Atebion 9

81→1 DADS, **3** SEICOSIS, **9** WEB PAGE, **10** SWYNO, **11** SETIAU TELEDU, **14** CIC, **16** INEPT, **17** GLO, **18** CHWISTRELODD, **21** HURLE, **22** BRIEFLY, **23** SOUTHERN, **24** AR ÔL. **↓1** DEWISWCH, **2** DEBIT, **4** EYE, **5** CYSYLLTIEDIG, **6** SWYDDOG, **7** SHOE, **8** PARASITIAETH, **12** TREAT, **13** MORDWYOL, **15** CYHYRAU, **19** OFFER, **20** THIS, **22** BYR.

82→1 HIRACH, **4** GODDEF, **9** FFERMDY, **10** NERFI, **11** ALIEN, **12** WASHING, **13** PARASITIAID, **18** CORRACH, **20** ALMON, **22** OLWYN, **23** WRINKLE, **24** SPONGY, **25** YSBRYD. **↓1** HOFRAN, **2** RHEGI, **3** CYMANFA, **5** OFNUS, **6** DIREIDI, **7** FRINGE, **8** CYDWEITHIWR, **14** AMRYWIO, **15** ITALICS, **16** ACTORS, **17** ANWEDD, **19** ANNOG, **21** MAKER.

83→1 KIDS, **3** CYWIRWYR, **9** NIWSANS, **10** DESKS, **11** DYNION BUSNES, **14** MIS, **16** EGINO, **17** NOA, **18** YMDDIHEURODD, **21** DYLAI, **22** UNLOOSE, **23** UFUDD-DOD, **24** CRWM. **↓1** KINGDOMS, **2** DEWIN, **4** YES, **5** INDISSOLUBLY, **6** WESTERN, **7** RISE, **8** CANONEIDDIAD, **12** BRITH, **13** DAYDREAM, **15** SAMPLAU, **19** ODOUR, **20** EDAU, **22** UNO.

84→1 DETECTS, **5** EAGER, **8** DIOGELACH, **9** ERA, **10** NERFI, **12** NICOTIN, **13** TRANSLATIONAL, **15** BRAKING, **17** SOSER, **19** CIC, **20** STABILITY, **22** OUNCE, **23** DRESSED. **↓1** DI-DÔN, **2** TOO, **3** CREDITS, **4** STAENIAU GWAED, **5** ETHIC, **6** GREETINGS, **7** RHANNOL, **11** RHAGAMCAN, **13** TOBACCO, **14** INSPIRE, **16** ISSUE, **18** RHYDD, **21** IAS.

85→1 MIGRANT, **5** TSIEC, **8** MINERAL, **9** WHERE, **10** LLANW, **11** ANALYSE, **12** COWBOI, **14** CREDIT, **17** VANILLA, **19** PEAKS, **22** ROOMS, **23** LLITHRO, **24** DESKS, **25** CYDIODD. **↓1** MAMOL, **2** GENFA, **3** AMRYWIO, **4** TYLLAU, **5** TIWBA, **6** IWERYDD, **7** CLEIENT, **12** COVERED, **13** WINDOWS, **15** REPLIED, **16** GARLIC, **18** LISTS, **20** ATHRO, **21** SWORD.

86→1 BOMB, **3** BIOPSIES, **9** SUDDODD, **10** CHARM, **11** BLAME, **12** CANRIF, **14** LLAFUR, **16** CARNAU, **19** GWYFYN, **21** HARRI, **24** GWLAD, **25** YN LLAWN, **26** YMDROCHI, **27** KNEE. **↓1** BASEBALL, **2** MEDIA, **4** INDUCE, **5** PECYN, **6** ITALIAN, **7** SWMP, **8** BOREAU, **13** AUDIENCE, **15** ANWYLYD, **17** ARHOLI, **18** YN WYCH, **20** FIDEO, **22** RHAIN, **23** UGLY.

87→7 TYFODD, **8** DRYCAF, **9** NERF, **10** IMPORTED, **11** CORONOG, **13** UCHOD, **15** SEWER, **16** TANLLYD, **18** LIFELESS, **19** ROOT, **21** IGNITE, **22** LADDER. **↓1** TYPE, **2** MORFFOGENESIS, **3** ADVISOR, **4** ADAPT, **5** HYDROCHLORIDE, **6** CATEGORY, **12** OPENINGS, **14** PARSELI, **17** FEVER, **20** OREN.

88→7 LEXICOGRAPHER, **8** CLIMBING, **9** UGLY, **10** MYFYRIO, **12** RELAY, **14** POEMS, **16** FFRWGWD, **19** MYRR, **20** WORKLESS, **22** HOMOGENEIDDIO. **↓1** MEAL, **2** DISMAY, **3** ROBIAID, **4** AROGL, **5** SPRUCE, **6** PENLLANW, **11** YN OLYNOL, **13** FFARWEL, **15** MORLOI, **17** WALEDI, **18** SWPER, **21** SKIM.

89→7 MYOPIG, **8** POENAU, **9** TURN, **10** IEITHYDD, **11** POTHELL, **13** HARRI, **15** EGYPT, **17** JUSTICE, **20** FFEILIAU, **21** SOUR, **22** LLUSGO, **23** BOUNCE. **↓1** DYMUNO, **2** OPEN, **3** SGRIALU, **4** SPLIT, **5** METHIANT, **6** LADDER, **12** HAPPIEST, **14** SUBURBS, **16** GEFELL, **18** CHURCH, **19** WIDOW, **21** SHUT.

90→7 PIBELL, **8** STATIC, **9** LOAF, **10** MEDDALAF, **11** UNWAITH, **13** PESGI, **15** OPENS, **17** YN ADDAS, **20** SYMFFONI, **21** BEAT, **23** TAFWYS, **24** TRYSOR. **↓1** KILO, **2** DEFFRA, **3** CLIMATE, **4** ASIDE, **5** VACATE, **6** DIHANGFA, **12** NAPCYNAU, **14** ANXIETY, **16** NOFIWR, **18** DYBLYG, **19** BOAST, **22** ANOD.

Atebion 10

91→**1** IEIR, **3** PARHAODD, **9** SHELVES, **10** BUDDY, **11** INTERMEDIARY, **13** EARTHY, **15** BRIDIO, **17** SGIL-GYNNYRCH, **20** IFORI, **21** IDIOMAU, **22** MITIGATE, **23** INTO. ↓**1** INSPIRED, **2** INEPT, **4** ANSWER, **5** HEB EI FRANDIO, **6** ORDERED, **7** DWYS, **8** OVERWHELMING, **12** TORHEULO, **14** RAGWORT, **16** LYRIST, **18** ROMAN, **19** FIRM.

92→**1** REWORKE, **5** ENWOG, **8** CYDWEITHREDFA, **9** DEC, **10** TRAWSTIAU, **12** PUMAWD, **13** CAWELL, **15** LLYFRBRYF, **16** OUR, **18** ANRHEITHIEDIG, **20** SIDAN, **21** YMUNODD. ↓**1** ROCED, **2** WEDI CAMGYMRYD, **3** RHEITHWYR, **4** EITHAF, **5** EAR, **6** WEDI'I RECORDIO, **7** GRADUAL, **11** SGARFFIAU, **12** PILLARS, **14** PRETTY, **17** RIGID, **19** EIN.

93→**1** URGE, **3** ELIFFANT, **9** SHELVED, **10** NWYON, **11** CHWYLDROADOL, **14** AWR, **16** THEME, **17** YMA, **18** HEDONISTAIDD, **21** ENW DA, **22** BALLOON, **23** HURRYING, **24** SIED. ↓**1** UNSOCIAL, **2** GWELW, **4** LAD, **5** FUNDAMENTALS, **6** ANYBODY, **7** TINY, **8** EVOLUTIONARY, **12** RHEWI, **13** PARDONED, **15** RHEDWYR, **19** IFORI, **20** TETH, **22** BAN.

94→**1** ANSICR, **4** SPEAKS, **9** EXAMPLE, **10** RACES, **11** CWMNI, **12** REALISE, **13** FEDERATIONS, **18** SEICLON, **20** PULSE, **22** FFILM, **23** DROWNED, **24** LAMENT, **25** BEASTS. ↓**1** AGENCY, **2** SWARM, **3** COPPICE, **5** PORFA, **6** AUCTION, **7** SYSTEM, **8** PEIRIANNYDD, **14** ELITISM, **15** IMPROVE, **16** USEFUL, **17** BERDYS, **19** LEMWN, **21** LANDS.

95→**1** MATE, **3** MESSAGES, **9** RHIANTA, **10** EARLY, **11** ORGANISATION, **14** EAT, **16** WARIO, **17** INN, **18** ARTISTICALLY, **21** RHYDD, **22** CWPANAU, **23** CLUELESS, **24** CRIO. ↓**1** MOREOVER, **2** THING, **4** EPA, **5** SPECTROSCOPE, **6** GORFODI, **7** SWYN, **8** YN ANFWRIADOL, **12** STRUT, **13** YN CYTUNO, **15** TERFYNU, **19** LUNAR, **20** BRÊC, **22** CAS.

96→**1** CYMANFA, **5** SAWNA, **8** YN SGRIWIO, **9** SÂL, **10** UNCLE, **12** IGNORES, **13** ANGHYMHELLIAD, **15** RHIANTA, **17** EIDDO, **19** ONI, **20** BIWROCRAT, **22** THESE, **23** HEN DDYN. ↓**1** CRYNU, **2** MIS, **3** NURSERY, **4** ANWEITHGARWCH, **5** SWOON, **6** WLSERAIDD, **7** ALLOSOD, **11** COGNITIVE, **13** AIRPORT, **14** LIE DOWN, **16** NOBLE, **18** OFTEN, **21** RED.

97→**1** CYSGLYD, **5** GOGLS, **8** UKRAINE, **9** ANELU, **10** TEBYG, **11** ENCASED, **12** YN MARW, **14** TRADED, **17** MONITRO, **19** AMCAN, **22** GAINS, **23** SKILLED, **24** RANKS, **25** LLYSIAU. ↓**1** CRUST, **2** SCRUB, **3** LLIWGAR, **4** DEEPEN, **5** GWANC, **6** GUESSED, **7** SOUNDED, **12** YSMYGWR, **13** MENTION, **15** READILY, **16** MOESOL, **18** TASKS, **20** COLLI, **21** NODAU.

98→**1** SYLW, **3** FLAPJACK, **9** COTTAGE, **10** NYLON, **11** INEPT, **12** DREARY, **14** COHERE, **16** SUBURB, **19** DRIBLO, **21** FLAKE, **24** ENFYS, **25** MEISTRI, **26** MOLECULE, **27** TRÊN. ↓**1** SUCCINCT, **2** LATHE, **4** LLEIDR, **5** PENCE, **6** ALLYRRU, **7** KING, **8** WAITER, **13** OBSESIWN, **15** HARMFUL, **17** UNFAIR, **18** NORMAL, **20** BASIC, **22** AFTER, **23** SEEM.

99→**7** GORWEL, **8** WAXING, **9** RAGA, **10** SQUARELY, **11** READILY, **13** ROADS, **15** BROWS, **16** BWYDYDD, **18** APPARENT, **19** NAIL, **21** PALACE, **22** OERACH. ↓**1** SOFA, **2** GWRANDAWIADAU, **3** CLOSELY, **4** AWDUR, **5** EXTRAORDINARY, **6** INCLUDED, **12** EUROPEAN, **14** GWRTHOD, **17** CEMEG, **20** INCH.

100→**7** OPHTHALMOLOGY, **8** ALLOCATE, **9** ISEL, **10** WYNEBAU, **12** PHONE, **14** IDEAS, **16** SEICLON, **19** DEEP, **20** FFERMYDD, **22** RHYNG-GYSYLLTU. ↓**1** EPIL, **2** STROKE, **3** SALADAU, **4** YMHEN, **5** LLAITH, **6** SGLEINIO, **11** YMDRECHU, **13** REVERSE, **15** APPEND, **17** CAMELS, **18** FFAGL, **21** DOTS.

Also Available 1

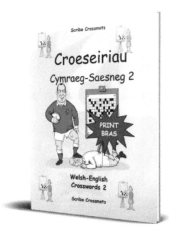

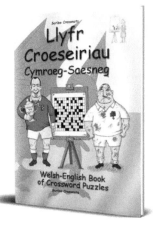

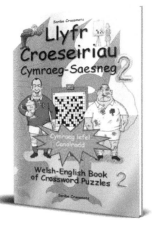

Also Available 2

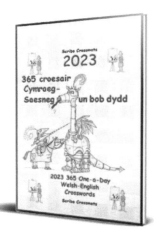

Also Available 3

PDF File Format:

A Bundle of 24 Welsh-English Crossmots Issue 1

An English-Welsh Puzzle Book Provided as a PDF file to download, photocopy and distribute to students as homework assignments or classroom activities

Specifically, to aid vocabulary learning

www.tes.com

Scribo Puzzles Publishing Ltd Presents:

Dual-language Crossword Puzzles

Over 140 Puzzle books available in 21 language combinations at
www.crossmots.com

For Germany:
www.crossmots.de

For teachers in the US:
www.teacherspayteachers.com

BV - #0001 - 141124 - C0 - 216/138/7 - SB - 9781917405317 - Matt Lamination